作为青岛市统战文化资源第一部拓土之作，
本书由中共青岛市委统战部指导、资助出版

青岛同心印迹

QINGDAO
TONGXIN YINJI

林希玲　王娜娜　编著

人民出版社

前　言

记忆缅怀过去，文化昭示未来。

一座城市，有自己的记忆；一座城市，有自己的文化。青岛，曾经是一座饱受殖民统治的城市，更是当今中国富有活力的沿海开放城市。她虽然年轻，但文化多元。不能忘记 1923 年 8 月，青岛第一个党支部成立，从此这座城市开天辟地有了党的活动；更不能忘记 1949 年 6 月 2 日，青岛解放的那一天，因为中国共产党，青岛获得新生！撰写这本书的目的：一是为了回忆和纪念为党的统战事业，为这座城市解放、建设和发展作出奋斗牺牲和杰出贡献的先烈先贤，以景观为线索，讲好青岛统战传统和故事；二是为了更加全面、系统、全景式地搜寻、挖掘、补充和积累一些统战史料，以景映人叙事，并以此缅怀先人、启迪来者，为青岛这座城市留下一份宝贵的统战记忆、统战精神和统战力量。

青岛不仅是国家历史文化名城，也是统战文化资源大市。在本书撰写的过程中，我们始终带着一种感情、责任和使命，去寻访每一个见证者，去调研每一个现场。每一次寻访、每一次调研，都是一次触动、一种感动、一种敬畏。我们深感统战工作和党的其他工作一样，波澜壮阔、精彩纷呈，留下了众多在青岛乃至山东和全国有影响的重要历史事件、重要历史人物和重要历史景观。作为社会科学工作者，有责任把这些历史文化资源挖掘、总结并呈现出来，不仅仅为了记录、保存，更重要的是为了传承、激励，以文化塑魂、以文化凝心、以文化聚力，更好地发扬老一辈统战人风雨同舟、荣辱与共的光荣传统，也为了给社会各方面提供一个全面了解青岛统战历史、大力支持统战工作的平台窗口，让更多的人从中获取不忘初心、继续前行的动力和精神滋养。

法国作家雨果曾经说过："建筑是石头书写的史书。"本书之所以叫《青岛同心印迹》，意在通过一个个现场景观的见证、一个个生动具体的历史瞬间，真实地记录、还原在中国共产党领导下，各民主党派、无党派人士、党外知识分子、工商界、民族宗教界、爱国华侨及其他社会各界人士风雨同舟、同心合作的历史，展现发生在青岛地区的统战历史和参与其中的一大批鲜活的统战人物。通过讲好青岛统战故事，诠释统一战线的法宝作用，弘扬统一战线的优良传统，以景叙事，以史鉴今，为新时代青岛经济社会发展凝聚人心，汇聚力量。

本书共涉及民主党派活动景观、爱国知识分子活动景观、工商业活动景观、少数民族活动景观、多元宗教活动景观、民俗文化活动景观、华侨活动景观七个部分，主要记录、反映新民主主义革命时期和社会主义建设时期以及改革开放初期与青岛统一战线事业相关的文化人文景观，是一本追忆过去、启迪现实的统战文化资源相册，是一部青岛统一战线事业发展的生动记录，也是在中共青岛市委统战部倾力支持、指导下完成的第一部青岛统战文化专著。

谨以此书献给为党的统战事业作出重要贡献，为人民生活更加美好开先辟来、接续奋斗的各界人士！

目　录

第一章　风雨同舟的历史诉说 ……………………………………… 1

第一节　孙中山的青岛足迹 ………………………………………… 1

一、孙中山先生在青岛 …………………………………………… 2

二、中山路 ………………………………………………………… 6

三、中山公园与孙文莲池 ………………………………………… 7

第二节　青岛各民主党派活动旧址 ………………………………… 9

一、崂山观瀑亭 …………………………………………………… 10

二、各党派成立及活动场所变迁 ………………………………… 12

三、民主党派之家 ………………………………………………… 19

第二章　汇聚人心的历史见证 …………………………………… 22

第一节　爱国知识分子汇集青岛 ………………………………… 22

第二节　统战名人故居 …………………………………………… 23

一、文化教育界名人故居 ………………………………………… 24

二、海洋科学界名人故居 ………………………………………… 45

第三节　其他名人故居 …………………………………………… 52

第三章　实业救国的历史轨迹 ··· 65

第一节　青岛近代工商业发展叙略 ··· 66

一、德国占领时期 ·· 66

二、日本两次占领时期 ·· 67

三、中国政府收回青岛主权后至日本第二次占领时期 ············· 68

四、国民党政府再次接管青岛后至青岛解放时期 ·················· 69

第二节　工商业会馆及商会旧址 ··· 70

一、会馆旧址 ·· 70

二、商会、工业会旧址 ·· 77

三、青岛市工商联 ·· 81

第三节　昔日"上青天"印迹 ·· 82

一、四方、沧口老纺织企业叙略 ·· 82

二、民族纺织工业史存 ·· 85

第四节　青岛民族工业旧址 ·· 95

一、丛良弼公馆与振业火柴公司 ·· 96

二、冀鲁制针厂旧址与青岛"高工" ·································· 98

三、胶济铁路四方工厂旧址 ··· 99

四、百年青岛啤酒 ··· 101

第五节　国货公司与青岛老字号 ·· 104

一、国货公司旧址与国货运动 ·· 104

二、青岛商业老字号回顾 ··· 106

第四章　民族交融的历史脉络 ··· 117

第一节　青岛少数民族叙略 ··· 117

一、青岛少数民族概况 ·· 117

二、青岛的满族 ··· 118

　　三、青岛的回族···120

　　四、其他人口较多的青岛少数民族概述·················123

　第二节　青岛少数民族的杰出代表····················124

第五章　多元宗教的历史缩影·····················134

　第一节　概述···134

　第二节　佛教···135

　　一、法显崂山传教···135

　　二、古老名寺法海寺···140

　　三、憨山大师与海印寺·····································141

　　四、那罗延窟与华严寺·····································143

　　五、佛教名刹湛山寺···146

　　六、其他名寺古刹···152

　第三节　道教···158

　　一、崂山道教景观···158

　　二、崂山道乐与武术养生·································175

　　三、崂山名道···186

　　四、其他道观···204

　第四节　伊斯兰教···208

　　一、清真寺旧址···208

　　二、新清真寺···209

　第五节　天主教···210

　　一、青岛早期天主堂···211

　　二、青岛天主教堂···211

　　三、平度马家疃天主教堂·································213

　第六节　基督教···214

　　一、江苏路基督教堂···215

二、观象二路保罗堂 ……………………………………… 217

三、李沧区滨河路基督教堂 ……………………………… 218

四、崂山区南北岭基督教堂 ……………………………… 219

第六章 独具特色的民俗文化 ……………………………… 221

第一节 五教合一的青岛道院 …………………………… 221

第二节 天后宫 …………………………………………… 224

第三节 城隍庙 …………………………………………… 231

第四节 即墨玉皇庙 ……………………………………… 233

第五节 即墨七级双塔 …………………………………… 235

第六节 平度千佛阁 ……………………………………… 237

第七章 爱国爱乡的华侨情怀 ……………………………… 239

第一节 早期青岛籍华侨简述 …………………………… 239

一、早期青岛籍华侨的形成 …………………………… 240

二、早期青岛籍华侨的生存状况 ……………………… 241

第二节 早期青岛籍华侨爱国义举 ……………………… 242

一、早期青岛籍华侨的活动及贡献 …………………… 243

二、山东省华侨中学与华侨纪念馆 …………………… 247

第三节 早期青岛籍华侨代表人物 ……………………… 255

一、华侨革命家杨明斋 ………………………………… 255

二、"海带之父"曾呈奎 ……………………………… 258

三、海藻研究开拓者方宗熙 …………………………… 260

四、为医学捐躯的沈福彭 ……………………………… 261

后 记 ………………………………………………………… 263

第一章 风雨同舟的历史诉说

民主党派是接受中国共产党领导、同中国共产党通力合作，致力于中国特色社会主义事业的参政党。我国现有 8 个民主党派，即中国国民党革命委员会（简称民革）、中国民主同盟（简称民盟）、中国民主建国会（简称民建）、中国民主促进会（简称民进）、中国农工民主党（简称农工党）、中国致公党（简称致公党）、九三学社、台湾民主自治同盟（简称台盟）。除台盟外，青岛共有 7 个民主党派。

本章主要记录新民主主义革命时期，中国近代政党政治和政党制度早期探索者孙中山先生在青岛留下的足迹，以及与其相关的人物、事件和场所；再现青岛各民主党派成立时的旧址和办公场所的变迁。

第一节 孙中山的青岛足迹

孙中山不仅是中国民主革命的伟大先驱，也是中国政党政治和政党制度的早期探索者。1894 年在檀香山成立革命组织兴中会，第一次响亮地喊出"振兴中华"的口号。1905 年在日本东京发起成立资产阶级革命政党——同盟会，首次提出以资产阶级民主共和国取代腐朽专制的清王朝的革命目标。1911 年 10 月，孙中山领导了伟大的辛亥革命，推翻了清王朝统治，结束了在中国延续几千年的君主专制制度。辛亥革命胜利后，建立了中华民国，也揭开了中国政党政治的序幕。1912 年冬举行了首次国会选举，国民党夺得了多数议席。国民党领袖宋教仁积极宣传议会政党政治，为袁世凯所代表的封建军阀政治集团所不容，于 1913 年 3 月在上海火车站被刺杀。10 月 6 日，袁世凯操纵选举，成为中华民国第一任正式大总统。随后，袁世凯又撕下民主伪装，复辟帝制，下令解散国民党，取消国会，撕毁约法。民国初年的资产阶级多党制宣告失败。

民国初年的多党制尝试虽然失败了，但它对中国政党发展史的影响却是十分深远的。首先，民国初年的多党制尝试，确立了政党在国家、社会中的地位。从此以后，中国社会所争论的主要不是政党应不应存在的问题，而是政党的合适数量、政党的组织模式问题和政党制度模式问题。其次，议会民主政治和多党政治的理念扎根于中国社会知识阶层，许多有识之士如张澜、沈钧儒、黄炎培、马叙伦、王绍鏊、梁漱溟等，作为这段历史的亲历者，他们对议会民主政党的功能作用有了深切认识，为以后民主党派的产生奠定了基础。

一、孙中山先生在青岛

据青岛档案史料记载，1912 年 9 月 28 日上午 7 点孙中山先生一行 40 余人，乘火车专列离开济南，途经青州、高密，于当天傍晚 6 点抵达青岛火车站。晚 7 时，孙中山先生出席广东同乡会宴会。9 月 29 日中午在秘书陪同下，孙中山先生以私人身份，前往总督府礼节性拜会德国驻胶澳总督麦耶·瓦尔德克。当天傍晚，麦耶·瓦尔德克至沙滩宾馆回拜孙中山先生。9 月 30 日上午，孙中山先生参观三江会馆，访问海关，下午访问德华大学，参观青岛基督教青年会。10 月 1 日早晨，孙中山先生一行游览崂山，登上崂山之巅。当天晚上，乘龙门号轮船前往上海。

孙中山先生短暂的青岛之旅，对青岛却是一件大事。在关于孙中山青岛之行的若干版本中，我们认为由周兆利、贾林撰写的《1912 年孙中山的青岛之行》一文内容准确度较高，这是根据德国弗莱堡军事档案馆馆藏档案整理、撰写的。他们无意中发现了胶澳总督麦耶·瓦尔德克 1912 年 10 月上呈的一份报告，这份编号 RM3/6723 的档案，记录的恰恰是 1912 年孙中山来青岛的情况。

1. 青岛之行的缘起

麦耶·瓦尔德克在他的报告中说，考虑到清廷的"辫帅"张勋一直盘踞在兖州府，中华民国首任大总统孙中山放弃了原先从北京沿津浦路返回上海的意图，转道青岛。这一点为几天后孙先生从海上由青返沪的路径相契合。很显然，这与孙中山的革命思想发展轨迹合拍，此时他认为革命可以暂告一段落了。

2. 青岛之行的下榻地

9 月 28 日傍晚，孙中山先生偕夫人卢慕贞、秘书宋蔼龄抵达青岛火车站，车站广场上聚集了 2000 多位市民、学生、商界代表。孙中山在车站广场做短暂的停留后，乘德式四轮敞篷马车前往下榻地。史料记载：当时寓居青岛，身为三江会馆馆长的清末山东巡抚、两江总督、两广总督周馥安排敞篷四轮马车，载着孙氏夫妇前往下榻的沙滩宾馆。

对孙中山先生来青岛的确切下榻地点，麦耶·瓦尔德克在他的报告中多次提到，孙中山下榻的是"沙滩宾馆"（Strandhotel）（即海滨旅馆），而非青岛本地盛传的"亨利亲王饭店"（Pring-Heinrich Hotel）。当时随行 40 多人，总共包住了 16 个房间。建于 1904 年的海滨旅馆是青岛最早的假日旅馆，位于青岛第一海水浴场旁边，旅馆前宽大的阳台可以凭栏远眺美丽的海景和沙滩上的人群。旅馆背面是一个设有看台的大型跑马场，激烈的奔腾与一年中大部分宁静的海湾形成鲜明对比。

麦耶·瓦尔德克并未到火车站迎接孙中山先生，包括他在内的德国海军行政当局面对瞬息万变的南北权力格局，不愿卷入到复杂的政治旋涡里。尽管如此，在随后的招待中，德国人给予中华民国的缔造者以相当高的礼遇，不过这种礼遇是以私人名义进行的。翌日傍晚，麦耶·瓦尔德克到沙滩宾馆

沙滩宾馆

拜会了孙中山先生。

3. 青岛之行的演讲

接下来是孙中山行程安排中最紧张的两天，孙中山先后参加了三江会馆集会，继而赴广东会馆的茶会，到青岛基督教青年会参观，并多次发表演讲，宣传自己的政治主张。

在广东同乡会的宴会上，孙中山先生说："民国肇建，需要全体国民的努力。中国人必须破除夜郎自大的心态，学习西方先进的文化，只有把中国文化的精华和西方文化结合起来，中国才有希望产生质的飞跃。青岛的建设就是一个极好的明证，中国人当以此榜样。"[①] 最后，他强调中国要实现这种

---

① 见周兆利、贾林《1912年孙中山的青岛之行》，山东省档案局编：《打开尘封的记忆——细说档案里的故事》，山东人民出版社2006年版，第136页。

发展必须迅速建设通达全国的铁路网，在铁路建设上需要商界的全力支持，同时也应以开放的心态对待国外资本的参与。

9 月 30 日，孙中山先生在德华大学①礼堂发表演讲，说："学生们在这里所看到的东西应该成为鞭策自己的动力，使自己树立这样的目标，就是把这个范例推广到全中国，把祖国建设得同样完美。这是莘莘学子义不容辞的责任！"②

返回上海后，孙中山先生接受德国记者采访时说："青岛足可作为以后中国城市开发的模范。若我们五百个县每县有 10 人到青岛参观，无论行政管理、市区、道路、码头、海港、大学、造林、公共建设、管理官衙，全部加以学习，对中国将有无比的好处。"③

麦耶·瓦尔德克在 10 月 14 日给柏林的报告中，汇报了孙中山青岛之行的情况，他在报告中说："在所有与他接触的人中，他都给人留下了最美好的印象。他的克制和谦虚，他的理想主义和能言善辩，无不昭显着伟人的风范"。④

一百多年过去了，我们缅怀这位伟人，尽管不能一睹他当年的风采，但是孙中山先生青岛之行的印迹犹在，他对青岛的肯定和赞赏激励着青岛人砥砺前行，不断创造新的辉煌。为了纪念孙中山先生，青岛与国内许多城市一样，设立了中山路、中山公园，还有独一无二的孙文莲池。

---

① 青岛特别高等学堂，也称德华大学，是青岛第一所中外合办大学，以德式教育为主，校长和大部分教师为德国人，招收海内外中国学生。
② 见周兆利、贾林《1912 年孙中山的青岛之行》，山东省档案局编：《打开尘封的记忆——细说档案里的故事》，山东人民出版社 2006 年版，第 136 页。
③ 选自《记忆中的市北》，市北区档案局编。
④ 见周兆利、贾林《1912 年孙中山的青岛之行》，山东省档案局编：《打开尘封的记忆——细说档案里的故事》，山东人民出版社 2006 年版，第 137 页。

二、中山路

中山路是青岛的城市名片之一，创始于 1897 年德国占领时期，是曾经与上海的南京路、北京的王府井齐名的老青岛著名商业中心。它南接栈桥，北接大窑沟，长约 1500 米，堪称青岛的"母脉"。

19 世纪之初，中山路一带仅有一两个小村庄，德国占领青岛后，把中山路分为两段。以保定路口为界（当年的界石现存于青岛山炮台展览馆），南段是栈桥至德县路，名"斐迭里街"，属德国等欧美侨民居住，史称"青岛区"，也叫"欧人区"；北段自德县路至大窑沟，属国人居住的"鲍岛区"，也称"华人区"，俗称大马路。南段的路面比北段宽出 6 米。由于居区的分别，中山路的商业格局就形成了洋行与华人店铺分据南北的局式。1914 年开始，日本取代德国对青岛进行了 8 年的殖民统治，这条路改名为静冈町，至今还留下了日本商号的一些遗迹。1922 年中国收回青岛，更名为山东路。

青岛中山路

1929 年 5 月 22 日，为纪念孙中山先生，改名为中山路。沦陷时期改为山东路，抗战胜利后又复名中山路沿用至今，成为全国中山路中最有名的一条。

20 世纪三四十年代，随着青岛城市规模的扩展，以中山路为轴线的青岛中心商区已经形成，中山路上银行、商店、饭店以及影剧院鳞次栉比，包括中山路附近的河南路、天津路、北京路、海泊路、潍县路，商店、饭店、旅店也比比皆是。这片中心商业区就是几代青岛人亲切地称作"街里"的地方，"逛街里"是当年青岛人时尚的消遣方式。旧中国的五十年中，"逛街里"的青岛人怀着朴素的爱国之情，用老青岛们的消费造就和支撑了一批至今仍然林立在中山路上的华商老字号，诸如：春和楼、盛锡福、宏仁堂等。

1949 年 6 月 2 日，青岛回到了人民的怀抱，走过五十年风雨的中山路洗刷了历史的尘垢，光彩亮丽，百业俱兴。改革开放后的几十年里，中山路上现代商厦拔地而起，老字号们风韵犹存，"逛街里"的青岛人也不再满足到"谦祥益"扯几尺洋布，到"劈柴院"吃碗面条，而是进时装店，入"肯德基"。洋荤已不仅是洋人的了。

一条路见证一座城市，说的就是青岛中山路。中山路的存在，是百年青岛发展的"根"。如今，作为青岛未来规划部署的关键一环，中山路结合生态环境、经济发展、文化历史等多种自然人文要素，在城市更新和建设进程中，中山路片区正在成为老城区复兴的新样本和新的网红打卡地。

三、中山公园与孙文莲池

1. 中山公园

中山公园位于文登路东端，北依太平山、青岛山，南临汇泉湾，占地面积 67.4 万平方米。公园西南原为一渔村，名会前村。德国侵占青岛期间，迁走会前村渔民，辟建植物试验场。日本第一次侵占青岛时，修建游览通道，在路两侧栽植运自日本的上百株樱花，称"旭公园"。1922 年中国政府收回青岛主权后，更名为第一公园。1929 年 5 月，为纪念孙中山先生，又更名为"中山公园"。

青岛解放以后，青岛市政府对公园进一步规划建设，使公园景观日臻完美，成为在国内颇有影响的综合性公园。园内有玉兰园、郁金香园等大型园中园。与公园大门正对的是著名的樱花路。樱花路直通动物园内，成为中山公园的主干道。路两侧上万株樱花重重叠叠，形成了美丽的樱花长廊。至5月上旬淡粉色的单瓣樱花和浅红色的重瓣樱花堆满树枝，争芳斗艳，灿若云霞，此时的中山公园可谓梦幻般迷人。每逢"五一"前后的20天，这里有一年一度的樱花盛会，青岛人几乎倾城而出，外地人络绎不绝，樱花路上人潮如涌，万头攒动，大有"花开时节动京城"的气氛。

樱花路东侧以林木、果园为主，有各种各样的常绿乔木、落叶乔木。雪松树形优美、青翠挺拔，是这里重要的观赏树木。中山公园的雪松在国内久负盛名，尤其采用种子繁育获得成功后，青岛的雪松到处安家落户，北到大连，南到合肥，就连北京毛主席纪念堂院内美丽的雪松，也是从这里移种过去的。

樱花路西侧为休憩娱乐区，树荫遮蔽的园中小路和绿色的草坪，把这儿分割成若干空间。20世纪90年代，公园内建成了大型高架游览观光索道，游人可乘索道在空中观景。

公园春有樱花、郁金香，夏天最热闹的当属灯会。从最初的自己制作花灯，到后来从成都、自贡、南京等地引进宫灯、纱灯、船灯，让中山公园拥有了更多的忠实"粉丝"。到了秋天，则是菊花大放异彩的时候。菊展最早是从20世纪50年代开始，公园的师傅把精心培育的菊花摆出来，供游客观赏。后来，中山公园又引进了旋转咖啡杯、太空船等游乐设施吸引游客。经过改造后的中山公园已经变成一座熔中外造园艺术于一炉、中西园林建筑文化兼收并蓄、自然美与人工美和谐统一的高层次的现代化大公园。

如今，中山公园已经免费对市民开放，成为人们节假日和休闲娱乐的好去处。

2.孙文莲池

中山公园内顺着会前村遗址前的小路往西，有一个莲花池。池中荷叶铺满池塘，一枝枝荷花亭亭玉立晶莹纯洁，这就是孙文莲池。清末年间，孙中山先生在日本从事革命活动，曾得到日本友人田中隆的鼎力相助。1918年5月，孙中山先生访日期间，将四颗代表纯洁友谊的莲子送给田中隆，以感谢他对中国革命的支持和帮助。田中隆先生病逝后，他的后人将这四颗莲子交给植物学家进行栽培，结果一颗发出新芽，于是就将其取名"孙文莲"。1995年5月3日，日本下关市与青岛市缔结友好城市15周年，下关中日友好协会会长田中满男特意将"孙文莲"种子回赠青岛，并亲手栽植在这里，留下一段中日友好的佳话。

2001年中山公园建园百年，为纪念孙中山先生，缅怀他的丰功伟绩，在与孙文莲池相对的草坪上立起了亚洲最大的孙中山先生半身像。

孙文莲池　　　　　　　　　　　　孙中山半身像

第二节　青岛各民主党派活动旧址

民主党派活动和办公地址的变迁，记录了青岛市各民主党派产生与发展的历史，反映了他们在不同时期组织机构、人员组成及工作范围、社会地位等的变化情况。

一、崂山观瀑亭

崂山观瀑亭是青岛第一个民主党派组织——民盟成立旧址，位于崂山北九水尽头，著名的崂山景观潮音瀑旁边。瀑布旁边的陡壁上刻有"潮音瀑"三个大字，1931年由南京国民政府交通部部长叶恭绰手书。瀑下水潭清澈见底，形如缸，色靛蓝，故名"靛缸湾"。1933年，时任青岛市市长的沈鸿烈指示在潮音瀑西崖顶上建了"观瀑亭"，并题写了"观澄"石匾。亭子古色古香，六角六柱，通体由花岗岩修建而成，亭内东侧嵌有青黑色石匾，还附有小字："鱼鳞口为崂山最大之瀑布，游人玩赏，每作勾留，特辟山亭，藉供休憩。沈鸿烈"。观瀑亭入口处的两根石柱上刻有一副楹联："试循一山二水以至九水历尽白石清流始叹观止，无论闲人忙人凡是游人来从红尘热坂那不意消。民国二十二年"，此联是由时任青岛市工务局局长的邢契莘所题。

在观瀑亭旁的石壁上镶嵌着一块黑色大理石碑，这就是青岛民盟成立旧

崂山观瀑亭及石碑

址纪念碑。2012年5月26日，这里举行了青岛民盟地方组织成立65周年暨成立旧址纪念碑揭碑仪式。同时，这里也是青岛民盟传统教育基地之一，每年不少民盟基层组织都会带领盟员到这里活动，接受盟史教育。

民盟在青岛筹建组织始于1946年春。从1945年起，随着国民政府迁往南京，华东成为民盟活动、发展的重镇。在此背景下，民盟总部和民盟华东执行部，先后指派陈仰之、罗致、薛强生、葛春霖、刘新民等到青岛开展工作。这块石碑记录的是1947年5月，陈仰之等人以"春游"为名，来到崂山北九水鱼鳞峡观瀑亭举行秘密盟员会议，成立干部会的情况。碑文写道："自汉代以来，仁人志士，于崂山成就功业，流惠后世者，代有其人。丙戌之岁，倭寇既平，内战又起；风雨如晦，时局动荡。丁亥五月，陈仰之、罗致、薛强生、葛春霖、刘新民五贤，受民盟总部委派，于观瀑亭创立干部会。此山东民盟最早之组织，亦为山海景观平添风采。谨此为记，以述盛德。"[1]

在这次会上，陈仰之被推举为主任，青岛民盟地方组织就此成立。这是民盟在山东地区的第一个地方组织，也是青岛地区最早成立的民主党派组织。青岛民盟地方组织的成立，为民盟争取民主斗争发挥了积极作用。同年10月，南京国民政府宣布民盟为"非法团体"，青岛的民盟组织活动也被迫像其他民盟地方组织一样转入地下。这期间，青岛民盟组织一方面发展盟员，充实力量，另一方面努力与民盟总部取得联系，接受指示，向人民宣传、解释中共纲领，迎接解放。

到1949年6月2日青岛解放时，青岛民盟共有盟员51人，编为4个小组。同年8月召开盟员会议，会上成立民盟青岛支部临时工作委员会，由刘新民、陈仰之、段超人、薛艺农、薛强生等5人组成，其中陈仰之任主任委员。

---

[1] 碑文作者刘怀荣，时任民盟青岛大学基层委员会副主委、青岛大学文学院院长、教授，崂山历史和道教文化专家。

俯瞰九水画廊终端，观瀑亭、潮音瀑、靛缸湾，不仅是风景优美的游览胜地，也是青岛民盟地方组织与中国共产党并肩战斗的重要见证。

二、各党派成立及活动场所变迁

除民盟外，民主党派在青岛的地方组织大多成立于新中国成立后。此后，各民主党派根据全国形势和组织发展需要，陆续在青岛建立组织。在民主党派青岛地方组织发展历史上，经历了组织规模从小到大，活动场所从临时到固定的过程，记录了民主党派逐渐发展壮大的历史轨迹。

1. 青岛民革

中国国民党革命委员会（民革），是由原中国国民党民主派和其他爱国民主人士创建的政党，1948年1月1日在香港宣布成立，提出"实现革命的三民主义"，建立独立、民主、幸福之新中国为最高理想。李济深、何香凝、谭平山、柳亚子、蔡廷锴等90余人参加会议。大会推举宋庆龄为名誉主席，李济深为主席，国民党各民主派别和其他爱国分子实现了大联合。

1951年10月，民革山东筹委会派山东大学赵省之作为民革筹委会的青岛联络员，来青岛筹建民革地方组织。1952年11月16日，民革青岛市支部筹委会成立，由徐一贯、王桂浑、张一麟、于去疾、罗赤霞五人组成。徐一贯为主任委员，王桂浑为副主任委员。

青岛民革组织在发展初

太平路29号旧址

期，面对很多人对民革的模糊认识和错误观点，筹委会以极大的勇气和耐心开展组织发展工作。本着先做宣传工作再发展党员的原则，贯彻"大中城市为主，机关干部为主，与国民党有历史联系的中上层代表人士为主"的组织路线，发展党员36人。1954年9月19日，青岛民革组织第一次大会在太平路29号正式召开，成立了民革第一届委员会。

青岛民革成立以来，发扬孙中山先生爱国、革命和不断进步的精神，遵循老一辈领导人"接受中国共产党的领导，是民革的历史选择，是民革的光荣传统，是民革的立党之本"的政治交代，切实履行参政党职能，在参加中国共产党领导的政治协商、参政议政、民主监督、社会服务、促进祖国和平统一等方面作出了重要贡献，涌现出许多光彩照人的典型。

青岛民革创建初期，市委机关在江苏路13号办公，1965年迁至中山路74号，1990年迁至韶关路54号甲民主党派大楼。

2. 青岛民盟

中国民主同盟（民盟），是由一批知名人士和追求民主进步的知识分子建立的政党。1941年3月19日，在民族危机空前严重的时刻，一群贤达之士秉承"贯彻抗日主张，实践民主精神，加强国内团结"的纲领，在统一建国同志会的基础上，在重庆成立了中国民主政团同盟，提出"贯彻抗日主张""实践民主精神""加强国内团结"。1944年9月改组为中国民主同盟。此后，在追求民主共和的道路上，民盟与中国共产党携手并肩，精诚合作，结下了深厚的情谊。

青岛民盟是青岛市成立最早的民主党派，也是人数最多的党派组织。自成立以来，广大盟员热诚投身于青岛的文化、教育、卫生、经济等领域，为多党合作事业作出了不可磨灭的贡献。涌现出包括童第周、曾呈奎、方宗熙等在内的一批知名人物和社会贤达。

青岛民盟在发展过程中，办公地点经历了几次变化。1953年4月，民盟青岛市第一次盟员大会召开，选举产生民盟青岛支部第一届委员会，童第周当选为主任委员。自此，青岛民盟正式纳入地方组织建制。民盟青岛支部

江苏路 8 号

第一届委员会机关办公地点在江苏路 8 号。

1965 年 3 月，民盟青岛市第四届委员会期间，民盟青岛市委机关办公地点迁至中山路 72 号。"文化大革命"开始后，民盟机关停止办公。1978 年 6 月，民盟青岛市委恢复组织活动，在太平路 29 号办公。1983 年 11 月迁回中山路 72 号。1991 年 8 月，工作地点迁往韶关路 54 号甲民主党派大楼。

3. 青岛民建

中国民主建国会（民建），是由爱国的民族工商业者及有联系的知识分子发起建立的政党，于 1945 年 12 月 16 日在重庆成立，主张"建国之最高理想为民有、民治、民主"。由黄炎培、胡厥文、章乃器、施复亮、孙起孟等人发起。

1951 年 3 月，民建青岛市分会筹备委员会正式成立，指定黄元吉、刘涤生为召集人。随后，基层组织建设工作和各项活动有序展开。1954 年 3

月 10 日，中国民主建国会青岛分会第一届委员大会正式召开，选举黄元吉为主任委员。按照民建中央的要求，青岛民主建国会主要面向中小工商业者发展会员，重点争取铁工、化工等工商业者入会。

1951 年，民建青岛市分会筹委会会址先设在中山路 74 号；同年 9 月，迁至江苏路 2 号办公，筹委会有专职工作人员 5 名，兼职干事 6 人。

鉴于民建和工商联的成员大多数是交叉的，其工作对象和任务基本相同，因此从 1959 年 12 月开始，民建青岛市委员会机关由江苏路 2 号迁至中山路 74 号，与青岛市工商联合署办公（简称"市两会"）。主要负责人在市两会交叉担任领导职务，实际是两个委员会，两块牌子、两个印章，一套人马。市两会设立秘书、组织、宣教 3 个处为日常工作机构。

1966 年 11 月，原办公地点中山路 74 号被青岛造反派组织"青岛大中学校红卫兵联络总部"强行占用，民建青岛市委办公地点暂设太平路 29 号，与市工商联合署办公。

江苏路 2 号

1983 年 11 月，由太平路 29 号迁回中山路 72—74 号办公。1989 年 6 月 10 日，中共青岛市委批准成立市工商联党组。7 月 1 日，民建青岛市委会和青岛市工商业联合会分署办公，民建青岛市委会办公地点设在中山路 72 号。1991 年 11 月，民建青岛市委迁入韶关路 54 号甲民主党派大楼办公。

4. 青岛民进

中国民主促进会（民进）是由文化教育出版界知识分子及一部分工商界爱国人士发起建立的政党。于 1945 年 12 月 30 日在上海成立，其政治主张以"发扬民主精神，推进中国民主政治之实践"为宗旨。主要创始人马叙伦、王绍鏊、周建人、许广平等，成员大多是上海文化教育界的进步知识分子。

1982 年 3 月，民进中央副主席葛志成到青岛与中共青岛市委统战部联系，酝酿在青岛发展会员和筹建组织。经批准时任民盟青岛市委副主委张晦庵调入民进，筹备民进中央直属青岛市支部。1983 年发展会员 8 人。经民进中央批准，1983 年 5 月 16 日在青岛市政协会议室召开全体会员会议，民进中央组织部副部长郑芳龙到会宣布民进中央的决定，任命张晦庵担任民进中央直属青岛市支部主任，孙德俊任组织委员，张永生任宣传委员。

1985 年 7 月召开第一次会员大会，成立中国民主促进会青岛市委员会，会员 68 人参加，主任委员张晦庵，副主任委员戚侗发（兼任秘书长），设立三胞联络委、妇女工作委、文史资料委、离退休工作委四个专委会。

1985 年，青岛民进成立初期，办公地点在青岛市中山路 72 号，机关编制 5 人。1990 年机关办公地址迁至青岛市韶关路 54 号甲民主党派大楼。

5. 青岛农工党

中国农工民主党（农工党）是由坚持孙中山先生"联俄、联共、扶助农工"三大政策的国民党左派为主建立的政党，于 1930 年 8 月 9 日在上海成立，提出"全国同胞及民主党派共同推进团结，实现和平统一，建立独立富强之中国"的政治主张。

1982 年，农工党中央组织部副处长周涤凡多次到青岛与中共青岛市委统战部酝酿建立农工党青岛地方组织。1983 年 12 月，农工党党员邓仁爱作为特邀代表出席农工党第九次全国代表大会，并在会后受农工党中央委托在青岛发展组织并创造条件筹备建立支部。至 1984 年 9 月，全市农工党党员发展到 21 人，正式建立农工党中央直属青岛市支部。1986 年 4 月，召开农工党青岛市第一次党员大会，成立农工党青岛市委员会（简称农工党青岛市委），选举产生了农工党青岛市第一届委员会。

1986 年农工党青岛市委初成立时，办公地点在中山路 72 号。1990 年 8 月迁至韶关路 54 号甲民主党派大楼。

6. 青岛致公党

中国致公党（致公党）是由华侨社团发起建立的政党。1925 年 10 月，华侨社团美洲洪门致公总堂在美国旧金山成立，提出为争取国家独立、民族解放和维护华侨正当权益而奋斗的政治主张。

1982 年 8 月，时任致公党中央主席黄鼎臣、常务副秘书长赵平来到青岛，就致公党中央在青岛筹建基层组织事宜与青岛市委统战部商谈。同年 9 月，致公党中央发展郑守仪、张德瑞、周凤英等 10 名同志为致公党党员。并成立了中国致公党青岛市筹备小组，郑守仪、张德瑞担任负责人。

1983 年 7 月 23 日，在中共青岛市委的支持下，成立中国致公党青岛市工作委员会，致公党青岛市工委是致公党在山东省建立的第一个地方组织。致公党中央任命郑守仪任工委主委，张德瑞为副主委，周凤英、崔永和、蔡亚能为委员。致公党中央主席黄鼎臣、常务副秘书长赵平专程到青岛参加大会。1990 年 12 月 25 日，中国致公党青岛市第一次代表大会召开，选举产生了致公党青岛市第一届委员会，选举翁维权为主任委员，古堂秀、林崇茂、汪雅梅为副主任委员。

致公党青岛市委机关创建初期位于中山路 74 号办公，1990 年 8 月迁至韶关路 54 号甲党民主党派大楼。

7. 青岛九三学社

九三学社，前身为民主科学座谈会，为纪念 1945 年 9 月 3 日中国抗日战争和世界反法西斯战争胜利更名为九三学社。是由部分文教、科学技术界

龙口路 40 号九三学社办公旧址

知识分子建立的政党，提出"愿本'五四'的精神，为民主与科学之实现而努力"的政治主张。

九三学社青岛地方组织始建于 1953 年 6 月。经社中央批准，于 1953 年 6 月 28 日在山东大学工会俱乐部召开了九三学社青岛直属小组成立大会，共有社员 13 人，山东大学副校长陆侃如当选为组长；中国科学院水产生物研究所青岛海洋生物研究室副主任张玺、山东大学医学院院长徐佐夏当选为副组长。山东大学校长兼党委书记华岗参加了成立大会。1954 年 6 月 20 日在莱阳路 57 号中科院礼堂举行九三学社青岛分社筹备委员会成立大会，选举 7 人筹委会委员，陆侃如为主任委员，张玺、徐佐夏为副主任委员。1955 年 11 月 20 日在太平路 29 号市政协礼堂召开了九三学社青岛市第一次社员大会，选举产生了青岛分社第一届委员会，陆侃如为主任委员，张玺、徐佐夏为副主任委员。"文革"期间停止活动，1978 年组织活动恢复，1984 年 3 月由九三学社青岛分社改建为九三学社青岛市委员会。

九三学社青岛分社于 1956 年成立初期，机关办公地址在莱阳路 17 号。1957 年，迁往龙口路 40 号。1965 年，迁往中山路 72 号。1966 年 7 月，"文化大革命"开始后停止活动。1978 年重新恢复活动，各党派联合办公，地点在太平路 29 号。1983 年 11 月，迁往中山路 72 号。1991 年 8 月 29 日，迁至韶关路 54 号甲民主党派办公大楼。

三、民主党派之家

中山路 72—74 号和韶关路 54 号，是青岛民主党派活动场所变迁的两个重要标志，也见证了青岛市多党合作事业发展的风雨历程。

中山路 72—74 号是第一个党派活动场所比较集中的地方。这座建筑建造于 1910 年前，早期是青岛商会所在地，新中国成立初期民建青岛市分会筹委会和工商联筹委会设在这里。它见证了接管旧商会，成立工商联组织以及民建与工商联合署办公的情况。公私合营、集体合作化以后，工商联工作逐渐减少。其后，20 世纪 60 到 80 年代，这里一度作为青岛市各民主党派办公楼。1965 年，民革、民盟搬迁至这里办公。不久，遭遇"文化大革命"，各党派也受到冲击，停止了正常活动。中共十一届三中全会后，民主党派陆续恢复组织活动，开始了拨乱反正、改革开放的新时期。1983 年 11 月，青岛市各民主党派、工商联迁至中山路 72—74 号办公。

到 20 世纪 90 年代初期，位于美丽的八大关景区、经过改造装修一新的民主党派大楼建成使用，各党派又搬迁至韶关路 54 号甲，这里成为民主党派专门的办公场所。

韶关路 54 号甲（原标为韶关路 27、28、29 号），为青岛民主党派市委机关办公楼所在地，位于八大关风貌保护区北侧边缘、香港西路与韶关路交汇处。

从史料记载看，韶关路 54 号原是日本人建的东亚大饭店，建于 1936 年。在八大关街区中都是单体小楼，唯这里是例外。日本人在青岛建的旅馆主要是"和式"，而这里是"西式"，档次也较高。日本殖民统治时间，此地被日军占用，并作为高档旅馆。该楼始建于 1936 年（民国二十五年），系一栋东西走向三层平顶公寓住宅，内有 18 套单元房，背面（西侧）配有 18 间储藏室，留有长 77 米、宽 4.75 米的空地。"文革"期间，该楼曾为退伍转业军人落实政策的临时住所，后划归青岛市机关事务管理局"荣韶宾馆"管理使用。

1991年，为解决各民主党派机关办公分散，办公用房拥挤的难题，经市委、市政府研究决定，将韶关路54号"荣韶宾馆"主办公楼整体从青岛市机关事务管理局划出交由青岛市房产管理局管理，中共青岛市委统战部承租分配给各民主党派市委机关办公使用。

1990年，各民主党派市委机关迁入办公前，市房产局对该楼进行了改扩建，将原有三层接建为四层，平屋顶改为瓦屋顶，三楼以下为办公区域，四层为会议中心。1998年，为解决民主党派机关办公楼年久失修，功能老化的问题，市财政和房产经营公司共同投资对办公楼进行全面大修。对室内外供暖系统进行了更新、办公室全部安装了分设空调、装修改造了不适用的卫生间、更换塑钢窗户等。全面维修改造后的办公楼面貌焕然一新。

韶关路 54 号甲

2000 年，为解决民主党派机关反映就餐难的问题，市政府特批并投资 130 多万元，在办公楼北侧接建了机关餐厅，并由市级机关东部管理中心，比照东部市委、市政府机关工作人员午餐标准，派人派车担负为各民主党派机关送午餐的任务。此举得到各民主党派机关领导和工作人员的赞赏。2006 年，市政府和房产经营公司再次共同投资 300 多万元对该楼内外进行了全面装饰维修，更新了卫生洁具、办公室门窗、地板、音响设备，改造了共用会议室地面铺装了大理石。办公楼各项功能、条件更加完善，环境更加优美。

民主党派机关办公楼改造前房屋结构为"砖混结构"，改造后为"框架结构"。改造前，民主党派机关办公楼总建筑面积 4354 平方米，人均办公面积不足 7 平方米，各民主党派机关、统战团体办公条件十分拥挤，环境差。改造后，办公楼实测面积 7553.92 平方米，净增面积 3199.92 平方米（主要是增加阁楼和负一层开发面积）。较好地解决了民主党派机关办公拥挤的问题，还建起了多功能厅、圆桌会议厅、接待室和公共休息区域等，满足了各民主党派机关的工作需求。会议接待场所由过去的 3 处增至 6 处，同时，还开发利用负一层为各民主党派机关增加库房，预留了健身活动室、资料阅览室，还配套建设了机关餐厅、厨房灶间等。

至此，各党派办公条件大为改善。这里作为民主党派之家，成为各党派集中工作的场所，也伴随、助力各党派奋发进取、建功立业，谱写新的篇章。

第二章　汇聚人心的历史见证

　　青岛有优越的地理位置、优美的自然风光和丰厚的人文资源。这座海滨名城，以其"红瓦绿树，碧海蓝天"的风貌，不仅吸引中外游客观光旅游，而且以其独特的历史文脉，成为中国近代国内外军政要员、商贾名流、文人墨客流连忘返的舞台。20世纪二三十年代，青岛特殊的自然和人文环境更是吸引了一大批文化名人和留学归来的学者、专家在这里驻足。

　　本章主要反映了以爱国知识分子为主的一大批历史文化名人的活动场所，这些人物或生长于青岛，或在青岛工作、学习、生活过，或与青岛有或多或少的交集，并在不同领域、以不同方式为国家和青岛的发展作出了重要贡献。其中展示的名人故居则是对他们在青岛生活、工作历史的生动见证。这些历史文化名人无不以其言其行其成就，诠释了知识分子爱国奋斗的鲜明精神底色，为青岛这座开放、包容、大气的城市增添了深厚的历史文脉，是青岛统战故事中亮丽、耀眼的篇章。

第一节　爱国知识分子汇集青岛

　　当时，蔡元培等人极力倡导将青岛建成为"北方文化中心"，而青岛也逐渐展现出文化繁荣、人才荟萃的景象。20世纪20—30年代国立青岛大学（后改为国立山东大学）的建立及开放的办学思想，吸引了大批国内精英汇聚于此。如：文科的老舍、闻一多、梁实秋、沈从文、洪深、吴伯箫、黄敬思等，理工科的数学系主任黄际遇、物理系主任蒋德寿、化学系主任汤腾汉、生物系主任曾省等著名学者。这些学者中不乏爱国进步知识分子，他们的到来对青岛的进步文化活动和抗日、爱国民主运动的开展产生了深远的影响。

这种局面的出现与青岛当地浓厚的文化氛围及中共党组织的工作也密不可分。青岛当时有多家中文报纸、杂志和印刷所，在国内处于领先地位。其中就有中共地下党组织主办的《青岛晨报》、荒岛书店等进步机构（荒岛书店是青岛地下党组织与"左联"活动场所）。当时在中共领导的左翼文化运动的影响下，上海成立了由党内作家参加的中国左翼作家联盟（简称"左联"），青岛的党组织通过"左联"等组织联络进步作家，对王统照、萧军、萧红等一批作家产生了重要影响。山大校长赵太侔支持左翼团体海鸥剧社演出进步剧目等活动。这些组织和活动对争取当时的进步知识分子和社会贤达的统一战线工作发挥了重要作用。

他们中很多是民主党派成员和无党派人士，如：童第周、王统照、闻一多、朱树屏、臧克家等民盟成员；赵太侔，民革党员；杨振声、赫崇本、毛汉礼、陆侃如、冯沅君、张玺等九三学社社员；老舍、洪深、宋春舫等无党派人士；有一些是进步知识分子，他们或参加过中国共产党的外围组织，或者为统一战线做过一些有益的工作，具有较大影响的人物，如：文化界的蔡元培、萧军、萧红、沈从文等；还有一些成就卓越的专家、学者如：王献唐、束星北等；还有中共党员华岗、罗竹风等。他们在这里居住、生活和工作，与青岛同呼吸，与时代共命运。青岛的山水滋养了他们，他们在青岛尽情挥洒热情和才智，书写爱国、救亡、民主、科学的篇章。他们在青岛或长或短地停留，加深了青岛的文化积淀，增加了青岛在近现代中国的影响。

第二节　统战名人故居

青岛市有众多的名人故居，在这里我们只选取其中与青岛统一战线直接或间接相关的，在青居住时间较长，而且有住所的人物。

一、文化教育界名人故居

在青岛众多的名人故居中，文化教育界名人故居较多，这既有赖于青岛得天独厚的自然环境，也得益于良好的人文环境。一是当时有一批活跃在青岛的现代知名作家，如：老舍、闻一多、王统照等，他们爱国进步、爱憎分明，以手中的笔为武器，揭露社会黑暗、讴歌美好生活，积极参加进步组织和活动，开展反抗国民党高压统治的斗争，支持学生爱国运动，为思想多元化的青岛注入一股清新之风；二是国立青岛大学的创立者蔡元培及后任校长杨振声、赵太侔等以前瞻的眼光、包容的胸怀，为这些知名学者搭建了自由挥洒的舞台，既推动了学校的发展，使山东大学很快成为国内知名大学，又为青岛的文化发展和社会进步作出了重要贡献。

1. 王统照故居

王统照（1897—1957 年），名恂如，字剑三，山东诸城人，现代著名作家，青岛现代文艺运动的创始人。1953 年加入民盟，曾任民盟济南市第一、二届委员会主委，第一、二届全国人大代表，山东省人民政府委员会委员，全国文联委员，中国作家协会常务理事，民盟中央第二届委员会委员。

王统照 1918 年就读于北京中国大学。曾任《中国大学学报》、《曙光》半月刊编辑，1921 年参与发起成立"文学研究会"，并主编北京分会会刊《文学旬刊》。1922 年毕业后留校任教。他母亲早居于青岛，1926 年因母亲病逝，王统照来青岛料理后事，萌发了在这里定居的念头。7 月，他回北京辞去了中国大学教授的职位，重回青岛在观海山购地建宅。1927 年 4 月举家迁到青岛观海二路 49 号，从此便定居在这里。

王统照的住处是一个山坡、独院。院落位于靠山的一侧，进门以后，经过石头台阶上山，先是守门人居室和客厅三间，再经石阶上到一个平面，这里为二层庭院，再经石阶才是主要房舍，这里建有书斋、卧室，都是曲尺型平房。这里位置较高，视野开阔，他经常到山上的大型凉台观看城貌："我正在靠山面海的凉台上向四方看去，稀稀疏疏的电灯光映着那些一堆一撮、高下错落的楼房，海边就在我们坐的楼下。银色的波涛有节奏似的撞着石堆作响，静静的海面只有不知哪国的军舰，静静地停泊着。黑暗中海面的胸衣慢慢地起落，在安闲平静中却包藏着什么中国、日本、农村、商业的重大问题……"[1] 王统照在这里观察、思索，这一时期他的作品都是在这处住所创作的。

王统照的住处是青岛文化人经常集会的地方。20世纪30年代，闻一多、老舍等常进出这里，"左联"同志也经常到这里议论创作问题。还有一批文学青年，如臧克家、王亚平等更是乐于上门请教，这里成为青岛新文学运动的处女地。作家吴伯箫在回忆王统照的文章中说："观海二路的书斋里，我们不知道一同送走过多少度无限好的夕阳，迎接过多少回山上、山下的万家灯火。"[2] 1929年，王统照在青岛编辑、出版了青岛现代文学史上第一个文学期刊《青潮》，这本刊物吸引了杜宇、姜宏等青岛文学青年。王统照还帮助他们出版了《青痕》文学周刊。

王统照定居青岛以后，进入了创作上的高峰期。1932年完成的长篇小说《山雨》，是他思想艺术成就最高的代表作，也是我国现代文学史上的代表作。此外，他还写作了一些反映青岛社会生活的作品，如他的代表作《沉船》就是反映胶州湾海难事件的小说，还有反映在青岛的日本人绑架中国警察事件的小说《海浴之后》，后编入小说集《号声》出版。他还出版了十几种文学作品，其中《青岛素描》被选入大学教材，《青纱帐》在艺术上可与茅盾的《白杨礼赞》相媲美。

抗战爆发后，青岛沦陷，王统照拒绝与日伪政权合作，结果观海二路的

---

① 马庚存:《王统照故居》,《青岛文史资料》第16辑,青岛出版社2006年版,第287页。
② 马庚存:《王统照故居》,《青岛文史资料》第16辑,青岛出版社2006年版,第287页。

王统照故居

住宅被洗劫一空，家徒四壁。

新中国成立后，王统照调任济南工作，历任山东省文教厅副厅长、山东省文联主席、省文化局局长等职。1953年，王统照加入了中国民主同盟。同年11月，被推举为民盟济南市委员会主任委员，负责领导济南市盟务工作。

这期间他经常返青住于旧居。1957年他题旧居照片上诗一首：

> 卅载定居地，秋晖共倚栏。
>
> 双榆仍健在，大海自安澜。
>
> 风雨昔年梦，童孙此日欢。
>
> 夕阳绚金彩，天宇动奇观。①

1957年，王统照病逝于济南。青岛人民没有忘记这位为青岛的文化繁

---

① 鲁海：《老楼故事》，青岛出版社2003年版，第169页。

荣作出了卓越贡献的著名作家，青岛市政府将他所居住的观海二路 49 号辟为名人故居并挂牌；1994 年市政府在百花苑 "文化名人雕塑园" 内立有他的雕像以示纪念。

2. 闻一多故居

闻一多（1899—1946 年），本名家骅，湖北浠水人，中国现代伟大的爱国主义者，坚定的民主战士，中国民主同盟早期领导人，中国共产党的挚友，著名诗人、文学家，作品主要收录在《闻一多全集》中。1930 年至 1932 年曾在青岛任山东大学教授。

1930 年筹建国立青岛大学，校长杨振声去上海聘请闻一多、梁实秋到青岛任教。他们二人决定先到青岛看一看，闻一多到青岛后住在中国旅行社青岛分社招待所（今安徽路市机关幼儿园）。他对青岛的环境非常满意，于是应聘为文学院院长兼中文系主任。闻一多一家来青岛后，初居登州路，因为是楼下一层，光线很暗，又移居到文登路一座海滨别墅（今为派出所），这里离大海很近，夜晚涛声太大，难以入睡，加上距学校较远，他住了不到一年。1931 年学校放暑假，他把家眷送回湖北老家，返校后只身搬进学校内一座楼房里，这里原来是德国俾斯麦兵营的军官营房，楼上有一个套房，内外两间，闻一多就住在这里。

在学校里，他讲授《名著选读》《文学史》《唐诗》《英国诗歌》等。他备课充分，考证翔实，富有创见，深受学生欢迎。

他当时的学生、诗人臧克家写道："他住在大学路的一座红楼上，门前有一排绿柳，我每次到他的屋子，都是起一种严肃的感觉，也许是他那四壁图书，和他那伏案的神情使然吧！"①

1932 年秋，国立青岛大学改组为国立山东大学，闻一多离职，也离开了青岛。1946 年 7 月闻一多因积极参加反蒋民主斗争遭国民党特务暗杀身亡。

为纪念这位英勇的民主斗士，1950 年山东大学将闻一多故居命名为 "一

---

① 鲁海：《老楼故事》，青岛出版社 2003 年版，第 171 页。

"一多楼"及雕像

多楼",并陈列他的事迹文献。青岛市政府作为重点文物保护单位,并设铭牌标志。1984年又在楼前开辟小广场,树立了闻一多的雕像,雕像高4.33米,下部为碑座,上部为闻一多先生低眉沉思的半身雕像,臧克家撰写了碑文。在百花苑青岛文化名人雕塑园内也设有闻一多先生雕像。

3.陆侃如、冯沅君故居

陆侃如(1903—1978年),祖籍江苏太仓,出生于江苏海门的一个爱国士绅家庭。原名侃,又名雪成,字衍庐,笔名小璧。著名古典文学家,教授。1953年3月加入九三学社,是九三学社青岛地方组织早期主要领导人之一。先任筹备组长,不久为第一、二届主任委员,并任九三学社中央常委，全国政协委员，山东省政协常委，山东省人大代表，中国作协理事，青岛市文联主席，山东大学副校长等职。

冯沅君（1900—1973年）原名冯淑兰，河南省唐河县人，九三学社社员。与冯友兰、冯景兰三兄妹，一门三个读北大，三个留洋博士，一时引起轰动。陆侃如、冯沅君这对教授夫妻，皆为我国现代著名文学史专家、教育家。

陆侃如、冯沅君夫妇于1947年来青岛，同为山东大学中文系教授，二人同为著名文学家，先后也都担任过山东大学副校长，是青岛文化史上一段佳话。冯沅君，是新文学运动早期著名女作家，出版有小说《卷》等，鲁迅赞其为"名文"。她与陆侃如结婚后，便很少进行文学创作，夫妻二人一同进行文学史研究，合作写出了《中国文学简史》《中国诗史》。陆、冯夫妇在文学研究领域同心协力著书立说，比翼齐飞，被称为"文学双星"。

他们的寓所在鱼山路36号院内第一座日式楼第3个门庭内上下两层的房屋。这所寓所是20世纪20年代初所建，当时是日军侵入青岛时日本东洋拓殖株式会社的高级职员的住宅楼。抗日战争胜利后，侵华日人被遣送回国。1946年山东大学在青复校，将这批楼房用为"教授住宅楼"，起名为"山东大学第一公舍"。陆侃如、冯沅君夫妇于1947年夏来山东大学任教时便住进了这里。这些楼房虽是日式建筑，

陆侃如与冯沅君故居

却与青岛的"黄墙红瓦"的老式建筑风格一致。他们的居处是文人汇集之处，中文系学生、同仁、外地来青文人作家多来此做客。

自 1947 年夏到 1958 年秋，他们在这里住了 11 年之久。陆侃如在 20 世纪 40 年代末到 50 年代初，发表论著时，常常在文末注有"写于青岛鱼山别墅"字样。在"鱼山别墅"期间，正是他们教学、学术研究和社会工作的黄金时期。

陆侃如这时任山东大学副校长，与另一位副校长童第周一起协助校长华岗创立了解放后山东大学第一个辉煌时期。此时的冯沅君担任山东大学中文系古典文学教研室主任，亲临教学第一线，为本科学生讲授《中国文学史》专业基础课、讲授《历代散文选》《中国戏曲研究》《陆游研究》等专题研究课，并培养了大批研究生和青年教师。冯沅君去世前，曾立下遗嘱将二人全部积蓄捐献给有关学术机构，在她身后设立了冯沅君文学奖。

一代名师陆侃如、冯沅君夫妇，在中国文学史研究和人民的教育事业上，作出了卓越贡献，誉满学林，桃李满天下。青岛市人民政府将鱼山路36 号院内当年陆侃如、冯沅君的寓所列为文化名人故居和重点文物保护单位，并制作了黑色大理石铭牌。

4. 臧克家故居

臧克家（1905—2004 年），笔名少全、何嘉，山东诸城人，著名作家、编辑家，现代诗人。1951 年加入中国民主同盟。曾任第二、三届全国人大代表，第五、六届全国政协委员，第七、八届全国政协常委，民盟中央文教委员会委员，中国作家协会理事、顾问、名誉副主席等职。

臧克家称青岛为"第二故乡"。1930 年到 1934 年在青岛大学读书，在青岛开始学诗、写诗，初期的诗创作多来自青岛（深得闻一多、王统照欣赏）。

当时青岛大学学校条件不错，臧克家住在可以观海的德国建筑石头楼上，那是德国侵占青岛时的兵营，房屋高大坚固。但是，他却经常夜不能寐，处于失眠状态，原因是年轻的诗人对黑暗的社会现实无法容忍，心中的怒火经常让他痛苦不已。当时学生多热衷古典文学，很少有对新诗倾心酷爱的，难免有同学讥讽臧克家，说他"妄想当诗人"。臧克家感到这种环境不适宜他进行思考和创作。

后来，臧克家搬到莱芜路上一个亲戚家居住，与一个从乡间来的小工友一起住在一间无窗的斗室中，同睡在一个床板上。他将这间屋子称为"无窗室"，在这里写下了一些追求光明、批判黑暗的诗文。"一只黑手掐杀了世界，我在这里边呼吸着自在"。臧克家以《无窗室随笔》为题，在当时《申报》专栏《自由谈》上陆续发表一些表达思想情感，反映社会现实的作品。读书期间，在闻一多和王统照的支持和帮助下，臧克家发表中国新诗经典之作《烙印》和《罪恶的黑手》，一举成名。

2000 年臧克家获得"中国诗人奖——终身成就奖"，2003 年国际诗人笔会颁发"中国当代诗魂金奖"。2004 年 2 月 5 日去世，享年 99 岁。青岛人民怀念这位对青岛充满感情的文化大师，也会铭记他为青岛文化进步作出的贡献。

5. 杨振声故居

杨振声（1890—1956 年），字今甫，亦作金甫，笔名希声，蓬莱市水城村人，现代著名教育家、作家，九三学社社员。杨振声 1930 年 4 月 28 日任国立青岛大学校长，1932 年 9 月 2 日辞去校长职务。在这段时间里，杨振声居住在青岛龙江路 11 号的小楼上。

龙江路与黄县路相连，这里是青岛昔日最秀丽的道路之一，路的两侧多半是单体小楼，这些小楼多数建于 20 世纪 20 至 40 年代，至今还呈现着老青岛的风貌。杨振声居住的小楼，建于 1928 年。小楼占地面积约 315 平方米，建筑面积约 287 平方米。建筑为中西混合式建筑，砖石结构，地上 2 层。据说校长杨振声和教务长赵太侔（后继任校长）当时都是单身在青，因此各住楼上一室，杨振声住东室，赵太侔住西室，厅为二人合用。这所故居直到今日还基本保持着原貌。

关于杨振声故居的认定和保护还有一段小插曲：以往青岛史学界一直认

杨振声故居

定为黄县路 7 号，但杨振声的后人提出异议。文物部门遂进行档案查询、资料收集、寻找人证等工作，经过与杨振声的后人联系，得到杨振声故居的重要资料，并得到家属捐赠的书籍和材料，经过缜密调查和科学论证，2013年 5 月，文物部门正式认定龙江路 11 号为杨振声故居。

作为国立青岛大学的校长期间，杨振声（那时实行一长制，不设副校长）常常在这所房子中运筹帷幄，思考着、筹划着校内各项工作。闲暇时间常与被梁实秋称作"酒中八仙"（除杨振声、赵太侔外，还有闻一多、方令孺等）的几位名家在此相会；这里也是他们的小会议室，杨振声有时在此召开校长、教务长、总务长、秘书长、院长会议。他依循蔡元培在北大确立的兼容并蓄、学术自由方针，广聘贤才，为青岛大学迅速成为国内三大学术重镇发挥了关键作用。1932 年杨振声辞职并离开青岛。

杨振声为青岛和山大作出了重要贡献，青岛市人民政府在百花苑为他建立了塑像，杨振声故居被列为市南区文物保护单位。

6.赵太侔故居

赵太侔（1889—1968 年），原名赵海秋，又名赵畸，山东益都（今青州市）人，民革党员，中国戏剧家、教育家。1930 年至 1932 年任国立青岛大学教授、教务长。1932 年至 1936 年、1946 年至 1949 年两度出任国立山东大学校长。新中国成立后先后任山东大学教授，山东海洋学院教授，民革中央委员、民革山东省委委员、民革青岛市委副主委，山东省政协常务委员等职。

1919 年，他以优异成绩考取官费留美，到美国哥伦比亚大学攻读西洋文学与戏剧。1925 年回国后任国立北京艺术专门学校教授和戏剧系主任。1929 年他在济南创办山东实验剧院，培养了一大批文艺精英。

1930 年，赵太侔等赴青岛接受原私立青岛大学校舍校产，同时教育部决定在青岛组建国立山东大学筹委会，后改称国立青岛大学筹委会，赵太侔等 9 人被聘为筹委会委员。1930 年 9 月国立青岛大学正式成立。首任校长为杨振声，赵太侔被聘为文学院教授，后担任教务长。

1932 年，国立青岛大学改组为国立山东大学，赵太侔出任校长。作为戏剧家的赵太侔，热心扶持学校的文艺社团。支持王林、俞启威（黄敬）的左翼戏剧联盟海鸥剧社，演出进步戏剧。[①] 这时他迁居到荣成路。

在赵太侔主持下，山东大学发展成为有三个学院九个学系的名牌大学，同时广邀名人来校任教。

抗战胜利后，1946 年 2 月，国立山东大学在青岛复校，赵太侔再任山大校长。经再三抗议力争，1948 年山大收回了大学路上被日本人占用、胜利后又被美军接收的原校舍，将其与鱼山路校舍连成一片，学校有了空前发展。在收回的校舍中，包头路 25 号为原日本青岛中学校校长私宅，后来成

---

① 赵太侔妻子俞珊是上海左翼剧社"南国红"成员，她的弟弟俞启威 1931 年考入青岛大学物理系，积极参加爱国民主斗争，与王林一起组织了左翼戏剧联盟青岛分会，对外的公开名称是海鸥剧社。

赵太侔故居

了赵太侔的住宅。

　　青岛解放后，赵太侔任山东大学外文系教授，致力于汉字改革研究，著有《汉字改革方案》《汉字打字机新议》。此时，他迁居龙江路7号，同时任山东省政协常委、民革青岛市委副主委。

　　1958年山东大学迁济南，赵太侔留在青岛任海洋学院教授。"文革"中含冤去世，1979年平反昭雪。

　　赵太侔毕生致力于教育事业，对中国的戏剧教育、山东省的高等教育和青岛历史文化的繁荣均有建树，功绩卓著，载入史册。不仅如此，他还筹建了中国第一个本科水产系和海洋研究所，后成立海洋系，为山东海洋学院的诞生夯实了学科基础。

　　赵太侔在青岛的旧居共有4处，这4处旧居今均存。经过史学界和文物部门论证，认定龙江路7号为赵太侔的故居。这所房屋建于20世纪20年代，建筑面积380平方米。砖木结构，地上二层，有阁楼及地下室。现已通过整理修缮向世人开放，并被列为市南区文物保护单位。

赵太侔虽然留下的著作很少，但他两任山东大学校长所作出的贡献，在中国教育史上是显著的。

7.老舍故居

老舍（1899—1966年），原名舒庆春，字舍予，满族，杰出的语言大师，无党派人士。老舍是我国现代文学史上享有盛誉的著名作家，是新中国唯一获"人民艺术家"称号的作家。

老舍1934年到青岛，任山东大学教授。他初到青岛时居住于登州路（一说居于莱芜一路），后迁到金口二路（今金口三路2号乙）。关于老舍在金口二路的住房情况，当年就读于山东大学的学生臧克家曾在一篇文章中回忆说："小门东向，一进门小院极幽静。一进楼门，墙上挂满了刀矛棍棒，老舍为了锻炼身体，天天练武。小楼不高，望不见大海，夜静更阑时，可以听到大海的呼吸。"① 老舍在这里写了《我这一辈子》《月牙儿》等小说，其子舒乙生于这里。

1936年，他辞去教授职务，做一名职业作家。因嫌金口三路的房东家中噪声太大，影响写作，又迁居黄县路6号（今12号），从此定居于此。该居所院落不大，院门东向，门口有一株高大挺拔的银杏树。故居始建于1934年，砖石木结构，为二层小楼。一楼共有四间居室和三间附属房间，二楼有五间居室和三间附属小房间。

在老舍迁入之前，楼上曾居住过日后成为著名艺术家的艺坛三兄妹——黄宗江、宗洛、宗英，他们随父母于1933年来青岛，住黄县路6号楼上，宗江、宗洛就读于市立中学，宗英就读于江苏路小学。黄宗江在青岛第一次登上舞台演出话剧。1936年黄氏一家由楼上迁走，老舍一家迁来住于楼下，住在一楼的4个房间内。老舍将东北方向的一间房间作为书斋，其他朝南的三间分别是会客厅及老舍夫妇和孩子们的居室。

---

① 张树枫:《老舍故居》,《青岛文史资料》第16辑, 青岛出版社2006年版, 第294页。

老舍故居

该楼房自建成后除日常维修外，没有进行重大改建，基本保持了历史原貌。老舍故居的房间也基本保持了原有风貌。

老舍从应聘来山大任教，到因抗日战争爆发离开青岛，在青岛度过了三年美好时光。他辛勤写作，一年时间写了长篇小说《骆驼祥子》和《文博士》，散文《我的暑假》《有了小孩之后》《文艺副产品——孩子们的事情》等，短篇小说《"火"车》等，还有创作经验谈《人物的描写》等。青岛三年是老舍创作最旺盛的时期之一。

老舍好客，家中客人三教九流都有。其住所对面东方市场每天有许多洋车夫候客，其中就有老舍家中座上客。据此写成的著名长篇小说《骆驼祥子》，已经被译成多种文字在十几个国家出版，并改编为电影、话剧、京剧。

为铭记老舍在青岛期间的文学成就，1984年起，老舍故居被青岛市人民政府列为重点文物保护单位和青岛文化名人故居，门前设有铭牌标志。青岛市人民政府于1994年在百花苑"文化名人雕塑园"内为老舍建立了塑像予以纪念。2013 年，老舍故居被列为山东省文物保护单位。

8.洪深故居

洪深（1894—1955 年）号浅哉，江苏武进人，无党派人士，是著名戏剧批评家、教育家、社会活动家、剧作家、导演艺术家、文艺理论家、中国电影、话剧的开拓者、抗战文艺先锋战士。

洪深父亲洪述祖 1913 年定居青岛，在湖南路有住宅，在南九水有别墅，称观川台。当时洪深读大学，寒暑假期间在这里度过。日本侵占青岛后，将房屋没收，洪深为此写有《我的失地》一文。

1934 年洪深由上海来青岛，接替梁实秋任外文系主任，已无旧居，只好赁屋住在福山路 1 号。这是一座造型别致的欧式风格的建筑，始建于 20 世纪初期德国占领时期，砖石木结构。楼房仅有二层，地处八关山东北角山坡之上，西依八关山，东面是青岛著名的中山公园，地势高敞，环境幽雅，位置突出。门前的马路恰好是红岛路、福山路、京山路、齐河路的交汇点，是连接老市区与东部风景区的要道。

进入福山路 1 号宽敞的大门，登上宽敞的石砌台阶，迎面是一座石砌影壁墙，影壁两侧各有石砌台阶通往山坡。经过影壁两侧台阶，通过一道拱形的 48 级石砌阶梯，便可进入一层楼内。另外在影壁右侧有一条石砌阶梯通往楼房北侧小门。

福山路 1 号楼房造型十分奇特。通体是由多个不同立面组成，有强烈的立体感。楼房共有二层，另有一层地下室。墙基和墙体为花岗岩砌成，楼房面积较大，每层有三个大房间，以及多间附属房间和廊道。房屋建成后曾经多次维修，但结构与风格基本保持原有风貌。庭院面积原本十分宽阔，前些年在福山路 1 号和 3 号之间建造了两座楼房，减少了庭院的空间。院内东侧树木较多，以梧桐、刺槐为主。

洪深一到山大便一改照本宣科的传统授课方式，而是在讲好课文的前提下，着重于结合现实社会，注重实际应用，形成自己独特的风格。课堂上先生讲课生动活泼，学生反映热烈，效果很好，深受广大学生的欢迎。不仅如

洪深故居

此，他还给外文系四年级学生开了《浪漫诗人》《大学戏剧》等课。

　　洪深先生在山大虽只有两年的时间，但做了大量工作。他打破了学生只知埋头读书的死沉气氛，开展了校内、校外的戏剧演出，不仅活跃了山大，而且活跃了青岛。他创办了"山大剧社"，由他导演和主持演出的著名话剧《寄生草》（即《少奶奶的扇子》）在校内、外演出后，获得社会各界的广泛好评。他还对进步的"海鸥剧社"作了大力指导，使中共地下党支部通过剧社做了大量宣传工作。

　　为了改变当时山东大学所在地青岛文化生活贫乏的状况，洪深和老舍、王统照等12位文化名人，在1935年7月的一次聚餐会上决定筹办文学期刊《避暑录话》。此期刊于7月14日正式创刊，随青岛《民报》发行，每周一期。这个刊物的名称是洪深起的，其目的就是以"避暑"为名，抒发自己心里话。刊物的发刊词也是洪深起草的。《避暑录话》虽仅仅出刊了十期，但受到广大读者的热烈欢迎，纷纷汇款争相订阅。

洪深在山大期间，除授课外，还继续电影创作。他于1934年完成了中国第一部电影文学剧本《劫后桃花》。影片描写的是德国侵占青岛后的故事，从一个角度反映了帝国主义侵略中国的历史，揭露了这群为帝国主义侵略中国效劳的汉奸的无耻嘴脸。明星电影公司于1935年将此剧拍成电影，由著名影星胡蝶担任女主角，放映后在社会上引起了强烈反映，被誉为历史的照妖镜、青岛历史的真实写照。当时影片拍摄地就选在青岛，剧组主创人员经常去福山路洪深宅中请教。

1936年2月，洪深因不满当局和校方镇压学生的行为，愤然辞去外文系主任和教授职务，离开山东大学，也离开了青岛。1936年宋春舫购下了这座小楼，在此写作话剧。

1948年12月，洪深赴东北解放区，翌年2月抵北平，5月赴苏联参加第一届世界和平代表大会，6月任全国政治协商会议筹备会议代表，9月出席全国政协代表大会。中华人民共和国成立后，洪深在复旦大学教书，周恩来总理亲自出面，力邀他"出山"，担任国务院对外文化联络局局长。他还历任中国人民友好协会副会长、中国剧协副主席、中国文联主席团委员、中国作协理事、全国人大代表和全国政协委员，在周总理的领导下，积极从事中外文化交流事业，并为之尽心竭力，鞠躬尽瘁。

1955年，他出访东欧等八国，途中在波兰发现患有肺癌，提前回国。弥留之际，敬爱的周总理亲自去看望他，体现了他们长期交往的深厚友谊和周总理对我国老一代文艺革命家的关心和爱护。同年，8月29日，洪深先生与世长辞。

洪深先生博学多才，一生共写过36部电影剧本、44部话剧剧本，导演了10部电影话剧、10本电影戏剧理论著作和40多篇论文，并为当代中国的话剧、电影事业奠基作出了巨大的贡献。他的挚友是这样评价他的：洪深是一个时时处处都在为中国人民，为中国人民的戏剧电影事业勇猛战斗的战士。

1994年，福山路1号被山东省政府列为山东省优秀建筑，青岛市政府将其列为文化名人故居和重点文物保护单位，门前立有标志铭牌。相去很近的青岛百花苑中有他的塑像。

9.宋春舫故居

宋春舫（1892—1938年），浙江省吴兴县（今湖州市）人，语言学家、文学家、戏剧学家，无党派人士，中国海洋科学研究的奠基人之一，为创建中国海洋研究所贡献极大。

宋春舫1912年在上海圣约翰大学毕业，后赴法国、瑞士留学。他原本从事西洋戏剧研究，在法国留学期间，参观了摩纳哥海洋博物馆，由此对海洋科学产生浓厚兴趣。回国后，他着力于推广国外先进的海洋科学理念和学术成果。1928年11月青岛观象台成立海洋科，其受青岛观象台台长蒋丙然邀请担任科长，引进了一批海洋学人才，出版了国内第一份海洋科学刊物

宋春舫故居

《海洋半年刊》。他在黄县路上租了一处房子住下。这一时期，他主要是在为海洋科的建设奔忙，绝大多数的时间是在办公室度过的，海洋科当时就设在青岛观象台内，所以，严格地说来，观象台的海洋科就是这一时期的宋春舫先生故居。

1931年1月宋春舫任青岛市政府参事，主持水族馆建设事宜。1932年5月青岛水族馆建成后，他辞去青岛市政府参事及青岛大学图书馆长之职，后专门研究戏剧理论。

宋春舫是戏剧家，还是藏书家，他从国外带回来大量外国戏剧图书，后来又广泛购进中外文书籍。他在靠近海边的福山支路6号购下一楼，在这里创办了中国第一个私人戏剧艺术图书馆"褐木庐"。

他对图书收藏有着特别的爱好。梁实秋曾有过这样的评说："我见过的考究的书房，当推宋春舫先生的褐木庐为第一，在青岛的一个小小的山头上，这书房并不与其寓相连，是单独的一栋。环境清幽，只有鸟语花香，没有尘嚣干扰。……（有删节）在这里，所有的图书都是放在玻璃柜里的，柜比人高，但不及栋。"①远在上海的戏剧家李健吾，慕褐木庐之大名，他说："梦自己有一天飞到青岛，飞进他的书库，在那些栉比的书架中翱翔。"

关于他创造"褐木庐"藏书票的事，还有一个有趣的来历。众所周知，他的藏书不仅精，而且专，主要是戏剧学、文学等专著，也有海洋学的参考书，基本上是外文的原版书。他所藏之书还有一个特点，那就是国内难求，因而，借阅者众。为了大家方便，也为了图书不致丢损，便定名为："褐木庐"藏书，据说"褐木庐"三个字是取之世界三大戏剧家：Gorneille、Moliere、Racine 当时中译第一个字，也说明其所藏之书是以戏剧为主。他的藏书票在国内不仅时间早，而且影响也大。像洪深、章铁民、张友松、孙大雨等都是借书常客，也更进一步说明了其影响之广。

抗战爆发后青岛水族馆、青岛观象台都落入日本人之手，宋春舫也由于

---

① 鲁海：《名人故居》（人文青岛丛书），青岛出版社2004年版，第14页。

积劳成疾，于 1938 年 8 月在青岛病逝。"褐木庐"现为市南区文物保护单位。

10. 华岗故居

华岗（1903—1972 年），本名华延年，曾用名华少峰、华西园等，浙江省龙游县人，中国共产党的优秀党员和著名学者。

华岗 1925 年入党，职业革命家。曾化名林少侯，只身到云南做统战工作，组织"西南文化研究会"，团结李公朴、闻一多等民主人士开展爱国民主运动。1948 年组织安排他去香港治病，他在当地协助香港工委做统战工作。1949 年 9 月，应召到北京开新政协，因病滞留青岛。解放后，他受委派到山东大学工作，住在青岛市龙口路 40 号，1949 年底至 1955 年秋天，他与家人在此居住。

龙口路沿山坡而筑，两侧多为 20 世纪二三十年代建造的欧式风格建筑，上端西北接信号台，下端东南连大学路，华岗故居则位于中段偏上，在路西南一侧，到中国海洋大学（鱼山路校区）正门直线距离不足 200 米。故居主

华岗故居

建筑是一座三层欧式楼房，外观大致成方形，房顶为红瓦斜坡式样，外墙是刷有浅色涂料的水泥墙面。楼前当年一两米高的雪松现在已高过屋顶。院子中央是一处面积 500 多平方米的西洋花园，侧后是几间平房、车库。从大门西侧，经过一条两边栽满冬青的小径，可以直达楼前，一层是半地下室的设计，分为厨房、储物间等功能房；迈上露天的十余级石阶就进入二楼，主要是客厅、餐厅；三层是几间卧室。由于"文革"期间该院已作他用，又在前院盖起了一座四层楼房，整个故居的环境、面貌已有了较大的变化。

华岗在青期间，为解放后山东大学首任校长，为党的事业和国家建设呕心沥血、鞠躬尽瘁，被师生誉为"懂业务、有远见、有能力"的好校长。他主持的山东大学是历史上公认的"黄金时代"。

1955 年秋天，华岗遭诬陷被隔离审查，后被捕，"文革"中再遭摧残，1972 年含冤病故于狱中，1980 年沉冤得以昭雪。

作为青岛市人大批准的第一批青岛文化名人，市政府已为华岗在青岛名人百花苑树立了雕像（山东大学及其故乡龙游县各有一座）。2003 年 11 月，在其故居前举行了"华岗故居"挂牌仪式，2005 年，被列为青岛市文物保护单位。

11. 罗竹风故居

罗竹风（1911—1996 年），青岛平度人，中共党员。1931 年考入北京大学中文系，同时修哲学系课程，开始在报刊上发表文章，以杂文为主。在校期间，开始参加爱国学生运动，是德高望重的语言文字学家、哲学家、宗教学家、出版家；曾被评为"上海十大文化名人"之一。他还曾担任上海市第二、第三届政协常委，上海市第七、第八届人大常委。

抗日战争爆发后，罗竹风回到家乡平度，与乔天华一起组建了一支抗日游击队，开展游击战，从此成为一名职业革命者。罗竹风曾任解放区平度县长、抗战日报社社长等职。

青岛解放后，青岛市军管会组成的军管小组，接管山东大学。罗竹风同时担任党总支书记。1951 年调往上海，后长期从事教育文化宣传工作。主

罗竹风故居

持编著有《中国社会主义时期的宗教问题》《宗教通史简编》《宗教学概论》等。

从 1937 年至 1941 年，罗竹风在组建平度抗日游击队、创建大泽山抗日根据地和主持平度县抗日民主政府工作期间，在故居留下了许多战斗、工作、生活的记载，成为罗竹风在家乡从事革命活动的一个缩影。

罗竹风故居共有两处，分别坐落在山东省平度市李园街道办事处西七里河子村中街北的一条东西巷的南北两侧，相距 38 米。①

位于北侧的一处建于 1643 年，为一东西长 7.7 米、南北宽 16.5 米的农家院落，占地面积 127 平方米，内有一幢坐北朝南砖木结构的传统式平房，建筑面积 33 平方米，平房檐高 2.7 米，有 7 支檩条，正房 3 间，东间和西间为卧室，南北开窗，中间为正间，南北有门。1911 年 11 月 25 日，罗竹风即诞生于此。

位于南侧的一处建于 1912 年。为一东西长 17.8 米、南北宽 13.9 米的农

---

① 王洪业：《青岛文史资料》第 16 辑，青岛出版社 2006 年版，第 323 页。

家院落，占地面积 247 平方米，内有一幢坐北朝南砖木结构的传统式平房，建筑面积 86.3 平方米，平房檐高 3 米，有 9 支檩条正房 7 间，由东向西，第一、第二、第四、第五间为卧室，第三、第六间为正间，第七间为储藏室，皆南北开窗，第三间为南北有门，第六间南有门北有窗。"九檩房"建筑，在当地民房中居中等偏上水平。罗竹风的幼年和青少年时代即生活于此。

1643 年建造的故居，于 1947 年由罗竹风的父亲让出，村集体安排贫困人家居住。1912 年建造的故居，于 1953 年罗竹风的父亲去世后，由村基督教堂使用。此后曾有多次顶部坍塌，均按原貌修复。平度市较好地保护了罗竹风原籍故居，这一朴素的农家小院孕育了一代学者。

二、海洋科学界名人故居

青岛被誉为中国海洋科学研究与教育的摇篮，它有多个中国第一：青岛气象台，是中国第一个海洋气象观测台；1928 年成立的气象台海洋科，是国内第一个海洋综合研究机构；1932 年建成的青岛水族馆是中国第一座海洋水产博物馆，也是亚洲第一座水族馆；1930 年成立青岛大学生物系海洋生物专业，并逐渐建成国内第一个设置海洋多学科的大学，使青岛成为名副其实的海洋名城。

与海洋名城相匹配的是一批国内外赫赫有名的海洋科学家和领军人物。如：青岛首任气象台台长蒋丙然；青岛气象台海洋科第一任科长宋春舫；山东大学生物学系创始人童第周，以及朱树屏、郝崇本、张玺、曾呈奎等。他们的开拓、奉献，为青岛海洋科学城的美誉立下了汗马功劳。与此同时，他们很多人热心社会工作，有的是民主党派成员，有的是爱国知识分子。在开展海洋科学研究与教学工作之余，他们积极参与社会活动。他们的故居，记载了他们勤奋工作、爱国奉献的足迹。

1. 童第周故居

童第周（1902—1979 年），字慰孙，浙江鄞县人，民盟盟员。我国著

童第周故居

名生物学家和教育家，中国实验胚胎学的创始人，是实验胚胎学、细胞生物学、发育生物学及海洋生物学等领域卓有建树的科学家，被认为是"克隆先驱"。1934 年，获布鲁塞尔比京大学博士学位，1948 年当选中央研究院院士，1951 年任山东大学副校长，1955 年，当选中国科学院学部委员，1977 年任中国科学院副院长。曾任全国人大代表、全国人大常委，全国政协副主席，同时，还担任民盟青岛支部第一届、第二届主委，民盟中央常委等职。

1934 年，童第周获得比利时比京大学哲学博士学位后，在英国剑桥大学做访问学者。后应国立山东大学之聘，首度来到青岛任山东大学生物系教授。初来时居栖霞路。

抗日战争胜利后，山大在青岛复校，童第周重回青岛，继续担任山大生物系教授、系主任。1948 年，他应美国洛氏基金会邀请到耶鲁大学讲学。1949 年 3 月回青岛，仍任教于山东大学，居于山东大学第一教师宿舍，简称"一舍"，在鱼山路 36 号院内。

童第周故居始建于 1920 年前后的原山东大学教授宿舍。目前故居为民用住宅。现在的大院门口朝东，走进院内可以看到利用地势落差兴建的南北两栋两层楼房。整座大院巧妙的谋篇布局，使得建筑充满异域风情，在当时即颇为引人注目。今天看来，这组建筑仍然是青岛优秀的住所。北侧的建筑面朝大学路，东西两头的单元建筑，屋面是较为尖顶的折坡；中间的屋顶，呈圆弧形造型，屋面巧妙设置的老虎窗、长条的窗户、米色的山墙，使整座建筑庄重典雅又不失和谐，山墙上的绿色的木梁，与黄墙巧妙融合，起到了装饰的作用。建筑南面开有典型的欧式大门，大院内一年四季树木长青。童第周就住在北侧的宿舍中。在这个大院内，还曾居住着束星北、冯沅君、陆侃如等山大著名的专家、学者、教授。这处富有文化传统的故居大院几经历史变迁，始终保存完好。

1979 年 3 月 20 日，童第周病逝，他以一生的奋斗体现了"生命不息，创新不止"的精神。1995 年，童第周纪念塑像在青岛文化名人雕塑园内落成，岛城人民以自己的方式永远纪念这位科学家所建立的卓著功勋。童第周故居现已成为青岛历史优秀建筑和青岛市重点文物保护单位，并挂标志铭牌。

值得一提的是其夫人叶毓芬（1906—1976 年），与童第周既是生活伴侣，也是科研益友。她先后在同济大学、复旦大学、山东大学任教，后担任中国科学院海洋生物研究所副研究员。叶毓芬爱国进步、思想活跃，工作成绩突出。1951 年她加入民盟，是山东大学民盟小组的负责人，后来到北京兼任民盟北京市委宣传部副部长，当选全国政协委员等职。在生活上，叶毓芬与童第周相濡以沫，无论是顺境还是逆境，始终相知相守，是童第周的得力助手和坚强后盾。

2. 朱树屏故居

朱树屏（1907—1976 年），字锦亭，号叔平，山东昌邑人，民盟盟员，世界著名海洋生态学家、水产学家、教育家，世界浮游植物实验生态学领域

朱树屏故居

的先驱。中国海洋生态学、水产学及湖沼学研究的先驱和奠基者，培育了新
中国第一代水产科技人才。先后任政协全国第三、四届委员会委员，政协青
岛市第二、三、四届委员会副主席，民盟山东省委第一届委员，民盟青岛市
委第三、四届副主委。

1947年9月，朱树屏受聘担任国立山东大学水产系第一任系主任，主
持了水产系的创建工作。在青岛，他先后主持了多项具有创始价值的科学研
究课题。同时他作为著名科学家，参与了多项国际学术交流，推进国际科技
合作，广受赞誉。

朱树屏故居位于金口二路13号，是一栋带有花园的别墅。金口二路是
青岛小鱼山区域内的一条小路，这里历来是文化名人、官员政要、中产阶级
白领集中的区域。在这起伏不平、很不起眼的弯曲小路中，朱树屏故居就处
在一个围墙环绕的小院之中。院中的绿树花草常年散发着芬芳，不远处就是
汇泉湾。故居是一栋带阁楼的两层楼，欧式别墅建筑，屋顶的老虎窗为阁楼
送进温馨的阳光。建筑内部为木制楼梯地板，沿着木制楼梯走上二楼，可以

看到宽敞的走廊以及风景如画的环境风貌。这栋建筑房间宽敞明亮，站在二楼的窗前，周边红瓦绿树碧海蓝天的秀丽景色尽收眼底。朱树屏当时住二楼。

1976年，朱树屏在青岛小鱼山的故居内，走完了他辉煌的人生。2003年11月，青岛市各级领导及社会各界的代表，为朱树屏故居举行了隆重的"山东省历史优秀建筑"揭牌仪式。2005年列为青岛市重点文物保护单位，并挂标志铭牌。

3. 毛汉礼故居

毛汉礼（1919—1988年），浙江诸暨人，中国物理海洋学奠基人，中国科学院院士。1943年毕业于浙江大学，1956年4月加入九三学社。

毛汉礼早年家境贫寒，靠奖学金读完高中，考入国立浙江大学史地系。1943年毕业后，边读研究生边任助教。1946年考取教育部招收的公派留学生，1947年去美国加利福尼亚州立大学斯克里普斯海洋研究所进修海洋学，先后取得硕士、博士学位，任斯克里普斯海洋研究所副研究员。

毛汉礼故居

1954 年毛汉礼回国后立即来到青岛，负责海洋环境组工作。1963 年 8 月晋升为研究员，1978 年任中国科学院青岛海洋研究所副所长，1980 年当选中国科学院学部委员（今称院士）。毛汉礼主要从事物理海洋学研究，有专业论著 40 种。毛汉礼在青岛期间积极参加国际学术合作与交流，多次参加国际学术会议，是世界著名海洋科学家。

毛汉礼故居位于青岛小鱼山区域的福山路 36 号。这是一栋解放后为专家兴建的专家公寓，朴实无华的平顶三层建筑，简朴的建筑围墙，处处昭示着庄重实用、与环境基本协调的风格。毛汉礼所住的一楼东端一套宿舍，虽然简朴，但是生活设施较为齐全，这在 20 世纪六七十年代已经是很不错的了。站在二楼窗前，通过明亮的窗户，可以远远地看见小鱼山满山的树木花草。这栋建筑，屋面是大红瓦折坡屋顶，墙面米黄色，周边是浓郁的树木草坪。由于这里是大学学区，环境僻静，给人以静谧安详的感觉。在这座平凡的公寓中，毛汉礼把海洋物理学的研究推向了极致。

毛汉礼回国后一直生活、工作在青岛。1988 年，就在这座平凡的公寓中，走完了他不平凡的一生，为我国海洋科技事业的发展，书写了光辉的一页。青岛市政府在文化名人雕塑园设有毛汉礼雕像，供社会各界人士瞻仰。

4.张玺故居

张玺（1897—1967 年），原名王常珍，字尔玉，河北省平乡人，中国著名动物学家、海洋生物学家，中国贝类学奠基人，中国科学院海洋研究所创始人之一，是抗战时期和新中国成立初期从事海洋研究事业的老一辈科学家。1952 年加入九三学社，九三学社青岛市地方组织早期领导人之一。曾任九三学社中央委员，社青岛分社第三、四届主任委员，第二、三届全国人大代表，山东省政协副主席等职。

张玺 1922 年获准公费赴法国里昂大学学习农业，1927 年获得硕士学位，从事后鳃类软体动物的研究工作。1931 年他以论文《普鲁旺萨的后鳃类动物研究》，获得法国国家博士学位。

张玺故居

张玺是我国软体动物研究的奠基人，是研究后鳃类软体动物的世界知名学者，他还是中国湖沼学研究的先驱，并开创了我国海洋动物学。

新中国成立后，张玺与童第周等于1951年共同筹建青岛海洋生物研究室，张玺任副主任。研究室设在青岛莱阳路28号甲一栋三层楼内。张玺的办公室在二楼，这里也同样是他的起居之所。

莱阳路28号甲，建于20世纪30年代，为砖石结构2层楼，带阁楼和地下室。花岗石砌基，黄色水刷墙面，局部嵌有蘑菇石作装饰，人字坡屋顶面，覆红色板瓦。主入口朝东，南立面和西立面均为三角山墙，北边设有观景平台。

张玺为了工作方便，只身来到青岛工作，17年间他的住处随着办公地点的变化而变化。后来在莱阳路61号、南海路7号都留下了他工作和生活的足迹。

张玺在35年的研究和教学中，对动物学和海洋湖沼学作出了卓越的贡献。同时，他还做了大量的社会工作，张玺曾任山东省政协副主席、九三学社中央委员等职。1967年7月10日，他在青岛辞世，终年70岁。张玺故居为市南区文物保护单位。

第三节　其他名人故居

1. 康有为故居

康有为故居，位于汇泉湾畔的福山支路 5 号，俨如近现代文化的一个路标，历经风雨而演变成青岛历史文化名城的一处人文殿堂。在青岛的别墅落成之后，康有为在《游存庐落成诗》中感叹："自有天游入非想，默存独乐始于今。"他还留下了那句著名的"青山绿树、碧海蓝天、不寒不暑、可舟可车、中国第一"，后人总结为"红瓦绿树，碧海蓝天"，从此康有为与青岛结下了不解之缘。

康有为（1858—1927 年），原名祖诒，字广厦，号长素，又号更生，广东省南海人。清光绪年间进士，授工部主事。近代著名思想家、教育家、书

康有为故居

法家，戊戌变法领袖，对近代中国历史进程产生了深刻影响。1917 年康有为第一次来到青岛，就被这里的风光吸引，于是在青岛回归后，他购屋定居，开始了颐养天年的生活。康有为还准备在青岛设立一所大学，虽最终没有实施，但 1924 年 8 月私立青岛大学创立，康有为捐献约 10 万大洋的图书。

康有为在青期间曾两次游崂山，都在太清宫附近留有诗文刻石，一为摩崖，一为诗碑。1923 年 5 月，康有为偕友人游崂山，游后写下一首长诗《劳山》，并附以长跋，诗和跋一并刻在太清宫后的一块巨石上，至今犹存。这是他留给青岛的印记，也是他彼时心境的写照。

在德国入侵青岛期间，康有为就意识到了民族危机，他开始关注青岛，力争主权，缘此而开创戊戌变法大业。1888 年至 1898 年间，他曾七次上书光绪皇帝，要求变法，后来领导了影响深远的维新变化运动，史称"戊戌变法"。这场运动以失败告终，康有为只得流亡海外。他自称"维新百日，出亡十六年，周游大地，遍四洲，经三十一国，行六十万里"。

辛亥革命后，康有为从海外归来。1917 年冬，他经天津来到青岛，时值冬至，初次印象很好。1922 年，中国政府收回青岛。1923 年 5 月，康有为再次来到青岛。在青岛，康有为借居在时任胶澳商埠督办公署顾问陈干的家中。随后陈干偕夫人陪同康有为及夫人选购居所，康有为最终相中福山路 6 号（今福山支路 5 号）——一座背山面海、风景极佳的建筑，也就是如今的康有为故居。

故居始建于 1899 年，原为德国总督副官的住宅，是青岛最早出现的德式建筑之一。故居主楼为砖木混合结构三层小楼，建筑面积为 1118.43 平方米。故居坐北朝南，中轴对称，红瓦坡顶，黄色水刷墙结合红砖清水墙，局部以花岗岩包镶，门帘多为卷式。主入口朝南，东西两侧设有边门。康有为入住时期，故居一层为康家仆人房间。二层主入口门前东西两侧砌花岗岩台阶，主入口左右侧有东西游廊，穿过游廊可达二层室内房间。二楼设有客厅、书房，三楼为卧房，房间不大，错落有致。各个房间相互贯通，由欧式木门连接，木门高 2.9 米。院落不大，绿植覆盖。康有为对别墅颇为满意，他认为："屋虽卑小，而园甚大，望海绿波，仅距百步。""而且，风景极佳，盛暑不热"。康有为把宣统皇帝溥仪给他题的"天游堂"悬挂在宅子中，所以新居也叫"天游园"，自名"天游化人"。在青岛，康有为终于结束了浪迹天涯的生活，因此颇为惬意。1924年，康有为写下了《甲子夏六月，得青岛德国旧提督楼，赋示曼宣婿及诸孙》，来记述他得到新居时的心情：

> 截海为塘山作堤，茂林峻岭树如荠。
>
> 庄严旧日节楼在，今落吾家可隐栖。

1927年3月31日，康有为在青岛辞世，原拟迁葬广东故里，1943年正式安葬。1984年，山东省和青岛市人民政府决定，在浮山南麓重建康有为墓地，1985年10月迁葬于青岛浮山之阳，位于背山面海的崂山区中韩镇大麦岛村北山。

康有为故居被列为山东省文物保护单位。在原址成立了青岛市康有为故居纪念馆。馆内开设卧室、书房、客房复原陈列及"康有为生平史迹""康有为书法艺术""康有为的世界之路"专题陈列。建筑保存完好，已全面修复开放。①

2. 蔡元培故居

蔡元培（1868—1940年），字鹤卿，号子民，浙江绍兴人，一代学者，著名教育家，民主进步人士。

1928年南京国民政府接管山东政权，筹办新的山东大学。蔡元培建议，山东大学应设在地势及气候均佳的青岛，教育部采纳了这一建议，成立国立青岛大学筹备委员会，骋何思源、蔡元培、赵太侔、杨振声等九人为筹备委员。1930年初，蔡元培全家来青岛，居于青岛大学（原俾斯麦兵营）内。

蔡元培始终关心山东大学的筹建和发展。他给吴稚晖写信，积极为山东大学筹措经费，还建议筹建中国海洋研究所，积极关注第一期青岛水族馆的建设，并主持落成典礼。

1930年9月杨振声被任命为国立青岛大学校长，同月正式开学，蔡元

---

① 康有为故居图片和建筑资料由青岛市城市文化遗产保护中心提供。

蔡元培故居

培从校内迁出，居于平原路 12 号。

平原路 12 号，在观海山东麓，建于 1935 年前，为砖石木结构建筑，坐西朝东，地上三层有阁楼。花岗石砌基，水泥抹灰墙，四面坡结合攒尖式屋顶，覆红色板瓦，上开有长方形老虎窗。建筑造型相对简单，中轴对称，南北两翼适度凸出，呈现出简洁的堡楼结构。

"九一八事变"后，蔡元培离开青岛去上海从事爱国民主斗争。此后，蔡元培仍时返青岛家中，曾去崂山，观阅太清宫名藏《道藏》。1937 年日本发动了全面侵华战争，日本侵略者第二次侵占了青岛。不久，蔡元培便去了香港，1940 年逝世于香港。

3. 王献唐故居

王献唐（1896—1960 年），初名家驹，号凤笙，晚号向湖老人，山东日照人。中国现代杰出的历史、考古、金石、版本、目录学家。1907 年来青

王献唐故居

入礼贤书院就读。1914 年入青岛德华大学土木系学习，毕业后以记者身份长居青岛。1922 年参与中国政府接收青岛，历任胶澳商埠督办公署帮办秘书、财政局股长。1924 年与礼贤书院苏保志等发起成立中德学社。后任山东图书馆馆长。1956 年率队到崂山进行考古调查，发现龙山文化遗址，开创青岛地区科学考古先声。著作等身，主要有《公孙龙子悬解》《长安获古编校补》《古代货币甄微》《五镫精舍印话》《炎黄氏族文化考》《中国古代货币通考》《山东古国考》等。

王献唐故居坐落于青岛市观海二路 13 号甲的一座独门小院之中，1922年，中国从日本人手里收回青岛时，王献唐任接收代表并留在青岛胶澳督办公署任秘书，也正是这个时候王献唐出资买下观海二路 13 号院，并建造了房屋。因王献唐对从政并不感兴趣，就利用一切闲暇之时，从事自己所喜爱的国学研究。在青岛期间，王献唐继完成了他的国学处女作《公孙龙子悬解》（六卷）之后，又完成了《两周古音表》《宵幽古音表》等书稿，并开始了《山左先哲遗书》的整理工作。

观海二路是青岛市最有特点的路段之一，围绕观海山而建，视野开阔，览前海无遗，道路曲折雅静，风景秀丽。观海二路解放前的建筑多为独门独院。这些建筑依山傍海，错落有致，至今仍呈现着老青岛的风貌，体现着青岛山、海、城一体的特色。

王献唐故居位于观海山半山腰处（现观海山公园正门左侧），需由观海二路拾级而上，为一层四居室建筑。小楼系仿西洋建筑，红瓦白墙，斜面屋顶。院内按王献唐先生意愿建有一座古典四角式小亭（现已破坏），院墙藤萝缠绕，院子里栽有柏树、月季，与小楼、古亭相映衬，分外鲜艳夺目。由于该院落靠山，当时为防备日本有可能进行的轰炸，还特意在院落西侧挖出了一个深约十几米的小型防空洞，用于家人和邻居躲避时使用（该防空洞于1945年坍塌）。进入楼内，走廊左右两侧各有两室，房高4米以上，大房间三面墙设有六扇窗，各房间相通，宽敞明亮，倚窗可俯瞰平原路、江苏路及基督教堂，总面积约100余平方米。走廊尽头为厨房，穿厨房而出为后院，院内有王献唐专门托人从日照老家运来的石磨，随时可以为他磨制爱吃的老家特产煎饼。这座故居于1950年转为公房，至今仍保持着基本原貌。

在青岛期间，王献唐先后结识了当时任教国立青岛大学的闻一多、杨振声、梁实秋、沈从文、王统照、黄公柱等教授，过往甚密，常常聚在一起吟诗作画，赏玩古董。特别是王统照先生，因其住所也位于观海二路，与王献唐所住的13号仅隔几十米，加上两人兴趣爱好相投，彼此来往频繁，就此结下了深厚友谊。值得一提的是，由于王献唐先生精通德语和德国历史文化，在青岛期间与当时驻青的众多德国学者、专家结识，他们在观海二路13号成立了当时名噪一时的"中德学社"，专门从事中德之古文字、古史研究，并吸引了当时德国国内的一些文史学家的兴趣，他们与王献唐彼此通过书信进行研讨。王献唐也发表了多篇关于中德古文字研究的论述，在德国国内也引起了关注。[1]

---

① 王书林：《王献唐故居》，《青岛文史资料》第16辑，青岛出版社2006年版，第285页。

王献唐于 1928 年弃政从文,离开青岛赴济南,并于 1929 年受山东省文化厅厅长何思源之邀,出任山东省立图书馆馆长,从此开始了自己的国学研究之路。在他离开青岛后,观海二路 13 号住宅一直保留着,王献唐只要有时间都会携带家人回青小住数日,与青岛的友人相聚。七七事变后,华北危机,王献唐先生为使山东图书馆馆藏珍贵图书文物免遭战火焚毁和落于敌手,毅然决定将其转移至大后方保存。他别妻离子,辗转万里,将馆藏珍贵文物、图书运至四川。而他的妻、子则重回观海二路 13 号居住,直至抗战胜利。

1960 年王献唐病逝于济南。按照王献唐先生遗愿,1993 年迁葬青岛浮山西南麓茅岭,供人瞻仰。由于王献唐先生对山东和青岛的文化作出了重要贡献,青岛市人民政府于 1994 年在百花苑"文化名人雕塑园"内为王献唐建立了塑像予以纪念。2003 年,青岛市政府将观海二路 13 号作为青岛历史文化名人故居,2005 年,将王献唐故居和墓作为青岛市重点文物保护单位,挂铭牌标志。

4. 束星北故居

束星北(1907—1983 年),名传保,江苏省江都县人。我国著名的理论物理学家和教育家,中国海洋物理学的重要创始人,被誉为"中国雷达之父"。

束星北 1952 年到青岛任山东大学物理系教授,居住在鱼山路 36 号山东大学教授宿舍院内。鱼山路 36 号,这个 20 世纪 20 年代初建成的院落,左靠鱼山路,后邻大学路,是当时日军侵入青岛后日本东洋拓殖株式会社(一家大型企业)的高级职员的住宅楼。院子左面开有欧式的大门,南北两栋楼房,充满浓重的异域风格,加上其"红瓦""绿墙"的设计,与周围建筑、环境和传统风格完全融为一体。束星北就住在北面最西侧的有上下二层的宿舍中。宿舍前面,一层墙上开有一扇框体为深红的小窗和一扇深红色的铁门,二层的"墙"则是全部的银灰色大窗体结构,阳光射进来,分外明亮。楼前楼后,草木繁茂,一年四季,郁郁葱葱。右面和后面墙上甚至还有几棵爬山虎,使得整个建筑平添了几分生机。

束星北故居

束星北先生青年时代学成后，怀着一片爱国热忱毅然回国，为祖国科学教育事业流汗出力，身处逆境时，曾有人劝他到国外去，而束星北先生却说："为什么要到国外去呢？要到国外去，当年我就不回来了。"

束先生曾对子女定下了一条严格的规矩："外出学习可以，学成后必须回国。不下这个保证，不准放出。"

而他的爱国意识，均源自束氏先贤一贯爱国的优良祖风，束星北先生的家谱《束氏族谱》所载"家训"二十条，其中最为独特之处便是"共御外侮"，这条祖训对束先生一生的影响是不可估量的。

1944 年 10 月，束星北先生应当时国民政府之邀，领导研制中国首部雷达，同时指导装制特工发报机等军用器材，并于 1945 年春研制成功中国第一部雷达。抗战胜利后，束星北先生被授予"抗战英雄"称号。束星北先生对当年研制雷达时的初衷曾回忆道："我造雷达完全是为了防日本飞机的空袭，而不是为了个人的前途或爬升。"

1964 年，当束星北听到我国第一颗原子弹爆炸的消息时，他不禁在家号啕大哭。他为自己有力不能出，有志不能酬而痛心，为不能与王淦昌在现场并肩战斗而伤心。他哭得如此伤心，全家为之震动，因为家人从来没有见他流过眼泪。即使在自己遭到错误对待的境遇下，束星北仍然对祖国的日益昌盛感到由衷高兴。

束星北先生曾说："我做的事是不值一谈的，但我爱国，也爱共产党，因为我束星北经历过军阀混战，帝国主义侵华，国民党反动派的统治，国内外的事情见得多了，心里明白中国共产党最好，这一点可以告诉任何人。"

束星北一生经历坎坷，但他顾全大局，为了国家的需要放弃多年追求探索的相对论研究，决心献身于气象科学研究，并作出了有价值的探索；他是一位性格刚强的人，在蒙受极大磨难和挫折、身处逆境时，不计较个人得失，仍然坚持不懈地钻研科学技术，做了大量开拓性工作。

1983 年，束星北病逝于青岛，他在青岛共度过 29 个年头。束星北故居几经历史变迁始终保存完好，并由青岛市人民政府挂牌，成为青岛历史优秀建筑受到保护，2005 年，作为青岛市重点文物保护单位，挂铭牌标志。市政府在青岛文化名人雕塑园设有束星北雕像。

2007 年，束星北先生诞辰 100 周年，来自国家海洋局、全国著名高等学府、科研机构的科学家、教育家在青岛黄海饭店举行"束星北诞辰 100 周年纪念大会"，深切怀念这位具有卓越学术贡献和人格魅力的著名科学家与杰出教育家。

5. 萧军、萧红故居

萧军（1907—1998 年），原名刘鸿霖，笔名萧军、三郎、田军等。萧红（1911—1941 年）原名张乃莹，笔名萧红、悄吟，现代著名女作家。萧军与萧红是我国现代文学史上著名的伉俪作家。

1931 年的"九一八事变"，日本帝国主义侵占了东三省，建立了伪满洲国。萧军 1932 年到哈尔滨，认识了萧红、舒群、罗烽等进步文学青年，并与萧红相爱，二人自费出版过一本小说散文集《跋涉》。1934 年春，他们接受舒群的邀请，逃离伪满洲国，由大连乘船来到青岛，住在观象一路 1 号，

萧军、萧红故居

与舒群、倪青华夫妇比邻而居。

　　观象一路 1 号坐落在老市区观象山东南麓，始建于 20 世纪 20 年代初。小院位于观象一路东端，与江苏路中段接壤。江苏路、观象一路、苏州路、莱芜一路、伏龙路、龙山路等路口汇聚于小院门前，形成了少见的七岔路口。庭院临山而建，院墙系用花岗岩砌成，高约四米。进入大门，向左一拐，是一道长 20 级的石砌台阶，石阶尽头就是庭院。庭院面积不大，地势很高，位置突出，是俯瞰前海和信号山景色的佳处。院中间是一座二层小楼，砖石木结构。屋外山墙上原有一个"太极图"，现已不存。小楼面积甚小，楼下仅有两间约 15 平方米的房间，实为半地下室。楼上共有五个房间，分为两个独立套间，一套是朝阳的三间，一套是朝东和西北的两间，各有门口和楼道连通。近百年来，楼房曾经多次维修，基本保持了原有风格。

　　萧军到青岛以后，任《青岛晨报》副刊编辑。萧红为《晨报》编了一个《新女性》周刊，大部分时间在家中工作。工作之余，萧军和萧红埋首于文学的创作，生活虽然艰苦，但亦非常充实。多年后，萧军回忆在青岛的那段生活时说道：每于夜阑人静，他和萧红时相研讨，间有所争，亦时有所励，度过了一段美好的时光。

1934 年仲秋，舒群因叛徒出卖而被国民党特务逮捕。萧红与萧军在孙乐文的通知和资助下，躲开家门前警察和特务的监视，抛弃所有家具财产，搭乘一艘日本轮船离开青岛逃往上海，见到了仰慕已久的鲁迅先生。不久，在鲁迅先生的帮助下，出版了代表作《八月的乡村》《生死场》，使他们一举成名。

1936 年，萧军又来青岛创作，其中一篇《邻居》的散文即是写观象一路 1 号的邻居。

萧军对 30 年代在青岛居住过的观象一路 1 号一直怀有深情。在 1979 年写的《题青岛观象一路一号照片》诗中，萧军写道：

> 小楼犹似旧时家，四十年前一梦赊。
>
> 碧海临窗瞰左右，青山傍户路三叉。
>
> 深宵灯火迷星斗，远浦旧帆赍浪花。
>
> 往事悠悠余几许，双双鸥影舞残霞。①

1986 年夏天，萧军再次来到青岛讲学，重回观象一路 1 号小楼探访。1998 年，萧军和萧红在观象一路 1 号的故居被山东省政府列为山东省优秀建筑，青岛市政府将其列为文化名人故居和重点文物保护单位，门前立有标志铭牌。

6. 沈从文故居

沈从文（1902—1988 年），湖南凤凰人，苗族，我国现代著名作家。1931 年应杨振声之聘，任青岛大学中文系讲师。他来青岛后住在福山路 3 号，这是一座新建的 2 层楼房。在北平时，他的居室又小又潮湿发霉，称"窄而霉斋"。青岛的居室位于八关山之巅，不窄不霉，因而他精神很好，业余时间几乎全用来写作，自称在青时期是一生中创作最旺盛的时期。

---

① 鲁海：《老楼故事》，青岛出版社 2003 年版，第 182 页。

沈从文故居

　　沈从文在学校里教《小说史》《散文写作》等课程，受到学生们的欢迎。鲁迅称青岛大学为"新月派"的天下，这里的确聚集了一些新月派文人。如：梁实秋、闻一多、陈梦家等。

　　由于青岛是海洋气候，他觉得适于自己，住房条件也好，精神不错，所以往往一天只睡3个小时，夜深人静奋笔疾书，创作了一大批作品。沈从文在青岛两年的时间，创作了长篇人物传记《记胡也频》《记丁玲》《从文自传》和《三个女性》《月下小景》等20多篇中、短篇小说，还写有《论徐志摩的诗》《丁玲女士被捕》等文章。

　　他的代表作《边城》"酝酿于青岛，只是到了北京才落笔"，"小说中人物形象也有崂山北九水姑娘的影响。"[①] 沈从文喜欢崂山，先后六次去崂山，

————————————

① 鲁海：《老楼故事》，青岛出版社2003年版，第173页。

他见到崂山九水的清纯少女联想到家乡湘西少女，塑造了《边城》主人公中翠翠的角色。在北京，他写的小说《八骏图》以福山路住宅为背景。

沈从文十分重感情、重友情，他日间教课、备课，夜间写作，仍不忘朋友。1932年徐志摩乘飞机在济南附近失事遇难，沈从文从青岛连夜赶往济南为之办理后事。巴金来青岛，沈从文住到学校去，把房间让给了巴金，又陪同巴金游青岛。巴金在这里创作了小说《爱》等作品。

1933年，沈从文离开青岛去北平。1937年秋山东大学迁离青岛，亚鲁号经理吕垸三购下这座小楼。解放后，沈从文三次重来青岛，对青岛有浓厚的感情。青岛人民也没有忘记他的贡献，青岛市人民政府于1994年在百花苑"文化名人雕塑园"内为沈从文建立了塑像，并把故居列为重点文物保护单位，门前设有铭牌标志。

这些知名人士在青岛工作和生活的历史已经翻过，但是他们的足迹和音容笑貌都凝固在这些老建筑里，给我们以思考和启迪。

第三章　实业救国的历史轨迹

　　民族工商业者是新民主主义革命时期统一战线争取团结的对象。在灾难深重的旧中国，一大批怀有实业救国梦想的有识之士，办实业谋发展，为振兴民族工业付出了巨大的努力。他们中的进步工商业者，素有爱国主义传统，本着救国救民的主张，为抗日救亡、民主进步事业做了大量有益的工作。

　　青岛曾经是殖民地城市，较早地受到欧风美雨的影响。从1897年德国占领青岛开始到1949年新中国成立几十年的时间，青岛经历了德国17年殖民统治，日本两次占领以及美国驻军。即使在中国收回主权之后，经济上也一直遭受外资的掠夺和压榨。在这片华洋杂处，中西文化不断碰撞的土地上，本地的民族工业倔强的萌芽，并不断冲破重重束缚，在外资和官僚资本的夹缝中艰难生存。而在与狼共舞的过程中，他们逐渐站稳脚跟，并取得了骄人的业绩。涌现出像华新纱厂、阳本印染厂、永裕盐业、茂昌蛋业冷藏公司等民国时期青岛民族企业四大工业巨头，以及振业火柴厂、冀鲁制针厂、维新化工厂等一大批民族工业的先驱和实力较强的企业，也造就了一批像周学熙、陈孟元、范旭东、丛良弼、尹致中、杨子生等优秀的民族企业家。他们的努力和奋斗，终于打出了民族工业的一片天地，为新中国成立以后青岛的工业化建设和经济发展打下了坚实的基础。

　　在这些民族企业家中，不乏怀抱实业救国梦想的爱国人士。如：抗战时期，陈孟元和阳本印染厂接受中共地下党的要求，帮助八路军秘密从沈阳转移撤离并捐款资助；周氏华新纱厂积极支持共产党领导的各界群众抵制日货、保护国货等活动，表现出较强的民族气节和责任担当。新中国成立以后，他们积极参加新中国建设，自觉接受公私合营，走社会主义道路，在社会主义建设的各个时期，为青岛地方和国家的经济发展，发挥了重要作用。

本章主要通过历史上有名的会馆、工商业老字号，再现青岛这座曾经的殖民地城市如何冲破德、日束缚，在艰难中求生存，百折不挠地创立、发展民族工商业，从而在历史上创造"上青天"的辉煌业绩，实践爱国工商业者"实业救国"抱负的历史轨迹。

第一节　青岛近代工商业发展叙略

青岛近代工商业的发展，与青岛特殊的历史背景密切相关，形成了中西交融、开放时尚的特点。大致分为几个时期：

一、德国占领时期

德国占领前，青岛地区已有手工业作坊，制造陶瓷、草编等传统工艺品。从 1897 年德国占领开始，为满足殖民地的基本生活需求和城市建设的需要，开办了啤酒厂、屠宰场、蛋厂、砖瓦厂、电灯厂等，除了供应青岛市场需要外，也向周边地区及国外销售。1899 年青岛港和胶济铁路动工，构建了现代交通体系。船舶、机车修造等现代装备制造业也被引进青岛，总督府船坞工艺厂和胶济铁路四方工厂相继建成投产。船坞工艺厂组装的 16000吨浮船坞是亚洲第一浮船坞。1906 年，"青岛"牌啤酒荣获慕尼黑啤酒博览会金奖。1902 年面向欧洲市场为主的德华沧口缫丝厂开办，拉开了青岛近

船坞工艺厂旧址

代纺织业的序幕。[①] 这一时期青岛工厂布局比较分散，还没有形成集中的工业区。同时，德国为长期占据青岛，在倾销商品的同时，大量输出资本，大大刺激了青岛商贸发展，使青岛迅速发展成为国际化的商贸城市。

二、日本两次占领时期

1914年日本占领青岛后，开始大规模输入工业资本。日资工厂趁第一次世界大战爆发、西方列强无暇东顾之机，利用青岛的优越条件，大规模开办投资少、见效快、收益高的棉纺织工厂，在青岛形成了以内外棉、大康、钟渊、富士、隆兴、宝来、丰田、同兴、上海9大纱厂及铃木丝厂为主体的日资纺织工业体系，同时大力兴建火柴、面粉、榨油等轻工企业。直到

---

① 青岛市档案馆编：《青岛城市历史读本（1891—1949）》，青岛出版社2013年版，第30页。

大康纱厂（国棉一厂）旧址

1945年日本投降，日资垄断青岛工业经济命脉30年，日资工业资本总额一直占据青岛全市工业资本的80%，民族工业受到抑制。当时日本将聊城路和市场一、二、三路作为日人商业区，日商企业迅速增加。

三、中国政府收回青岛主权后至日本第二次占领时期

从1922年收回青岛主权，特别是南京国民政府接收青岛后，青岛的民族工业发展迅速，国货运动盛行一时，加之市政当局在放租工场地、规划工业区等政策方面给予民族工业很大支持，以华新纱厂、冀鲁制针厂、阳本印染厂、利生铁工厂、同泰胶皮厂、永裕盐业公司、茂昌蛋业公司、振业火柴厂、双蚨面粉厂等为代表的民族工业企业迅速发展。同时青岛的民族资本商业也迅速发展。1928年青岛拥有华商企业2510家，1933年增至5514家，增长2.2倍，资本总额达19090万元，已成为山东乃至东部沿海地区的产地市场、集散市场和消费市场。

茂昌蛋业公司旧址

四、国民党政府再次接管青岛后至青岛解放时期

抗战胜利后，国民党政府在青岛先后组建中国纺织建设公司、齐鲁企业公司、中国蚕丝公司等官僚资本企业，接管原日资工厂，凭借其官僚资本集团的特殊政治地位，垄断青岛乃至山东及周边地区的原料、产品和市场。青岛解放前，由于政局动荡、原料短缺、物价飞涨等原因，企业生产受到严重打击，大半停工停产，工业陷入停滞状况。同时官僚资本依靠国家权力进行商业垄断，控制市场、操纵物价，对一般工商企业大肆盘剥。加之内战爆发后，陆路交通中断，物资缺乏，通货膨胀。苛捐杂税名目繁多，商贸企业不堪重负，纷纷歇业或倒闭。这一状况在青岛解放后才大为改观。

第二节 工商业会馆及商会旧址

青岛工商业在近代的崛起并在国内占有重要地位，不仅与工商界自身的努力有关，而且得益于他们较早建立商会等组织进行的有效管理。从早期以地域为主建立的会馆，到商会、工业会的成立、运作，取引所的建立，在发展当地民族工商业和与外资抗衡的过程中，发挥了重要作用。

一、会馆旧址

会馆是明清时期都市中由同乡或同业组成的团体。青岛开埠以来，各地商人来青岛发展，为谋团结创业，建了一批同乡组织，有的可以住宿，有的只能集会，后者称为"会馆"。青岛会馆兴起于青岛商贸经济勃发之时，齐燕会馆、广东会馆和三江会馆并称"青岛三大会馆"，代表当时青岛的三大商业势力。

三大会馆覆盖了整个华人街区、整个青岛，乃至影响了整个山东的商业走势。1910年，德国胶澳总督府为了更好地管理青岛，制定了一系列的政策。8月18日，德胶澳总督公布《撤销中华商务公局告示》和《公举参议督署中华董事告示》，宣布撤销中华商务公局，总督府参事会中国会员改为举派4人充任总督府信任，以协议华人事务。4位信任中，齐燕会馆2人，三江、广东会馆各1人。

在帝国主义的殖民统治之下，三大会馆小心翼翼，一方面要从统治者手中获得更高的收益，一方面又要维护同胞的权益。以三大会馆为核心的商帮群体，为青岛带来民族商业的创业精神和诚信品质，青岛由此成为南北商帮文化大交融的冶炼炉。同时，会馆也成为商人们放下算盘寄予人生理想的情感归宿。三江会馆、广东会馆都附设小学，给老乡的后人们以安定的学习环境；三江会馆还设有客房、里院和免费医院，给同乡们以家的温暖。

1. 齐燕会馆旧址

齐燕会馆位于馆陶路7号。[1] 齐燕会馆是山东、河北籍在青人士组织的同乡会，最初成立于1902年。该建筑建于20世纪20年代。这是一栋亮黄色的二层建筑，建筑面积约800余平方米，系砖石钢筋混凝土结构，地上二层，地下一层。四根高大的罗马柱支持着前突的门楼，建筑带有欧洲风格，与中山路上的德式建筑相得益彰。室内一层有长方形大厅，高12米，面积约400平方米，二层看台面积约100平方米。这是一栋风格庄重典雅的建筑，比例尺度极其和谐。

齐燕会馆由傅炳昭等人创办。傅炳昭，山东黄县人。早年曾经去日本经商。1902年，傅炳昭在中山路开设祥泰号，主要经营洋广杂货。1905年，他在青岛创办山东会馆，天津人成通号经理朱子兴等河北商人加入后改为齐燕会馆，宗旨是"联络桑梓，发展商务，办理各慈善事业"。主要是保护会员和同业的商业利益，协调各业关系，代表商界与政府机关交涉，为青岛各商帮制订商约，监督各商履行商约、裁决商讼、处治违约商人等。1910年傅炳昭成为青岛商务总会的会长。1912年，已经卸任民国大总统的孙中山访

齐燕会馆旧址

问青岛，其间曾经和部分非广东籍的青岛华商有过以募集资本为目的的接触，傅炳昭、丁敬臣、古成章、郑章华都是这次会面的成员。

傅炳昭和他发起成立的齐燕会馆，在青岛近现代发展史上有广泛而深刻的影响。在现存的史料和民间都有关于齐燕会馆许多爱国义举。比如：傅炳昭和胡存约发起组织保护前天后宫的故事脍炙人口。据史料记载：青岛口原有天后宫，德占青岛后，划入欧美人居住的青岛区，德国当局下令将其拆除，中国人尤其是海员、渔民以死抗争，在傅炳昭、胡存约等人的带领下，当地居民举行了大规模反抗运动，最终迫使德国殖民当局妥协。

会馆东门在陵县路上有一个广场，可容纳万人集会。有一个时期，齐燕会馆是青岛人文娱乐集会的重要公共场地。1925年3月12日孙中山先生逝世，青岛市各界群众就是在这里举行追悼会。

1925年的"五卅运动"是青岛历史上群众参与人数最多、规模最大的群众革命运动。青岛各界群众为抗议日、英帝国主义屠杀中国工人而罢工、罢课、罢市，几次在齐燕会馆广场集会，发表慷慨激昂的爱国演说，举行示威游行。最多的一次人数达30000多人，占当时全市人口的十分之一，人群挤满了广场以及周围陵县路等几条街道。集会之后进行了声势浩大的游行，沿途高喊"打倒帝国主义"等口号。"五卅"运动被反动军阀镇压下去，但群众一直把齐燕会馆广场当作"群众广场""革命广场"。1930年又在这里举行万人集会，纪念"五卅"国耻。

抗日战争期间，敌伪政府强征了齐燕会馆，开办"兴亚俱乐部"，为日本军政特宪分子与汉奸们玩乐的地方，也在这里进行联谊活动。1940年日本召集汪精卫等4个汉奸政权头目会集青岛，筹建伪中央政府。中统头子戴笠下令刺杀与会汉奸，并在兴亚俱乐部内外布置了杀手，但由于汪伪特务头子的破坏，中统密谋失败。这一事件的前后已被拍为电视连续剧。

抗战胜利后，国民党海军接管了兴亚俱乐部——原齐燕会馆，在陵县路建了围墙，解放后是人民解放军某部所在地。2006年，齐燕会馆旧址被列为山东省文物保护单位。

2. 广东会馆旧址

广东会馆位于芝罘路 24 号。[①] 鸦片战争后，英帝国主义侵占了香港，广东人最早接触西方资本主义经济。1897 年德占青岛以后，德国企业到青岛发展，需要中国买办从广东招引。一些已熟悉西方贸易的广东人来青岛开办进出口贸易商行，人们称为"广东帮"。其中有"八大家"，即：大成栈、景昌隆、宜今兴、广和兴、裕和兴、广有隆、广生泰、恒祥茂。随着来青岛的广东人增多，他们也开设了一批粤菜馆，如中山路上的英记酒楼、潍县路上的广兴隆等。

广东会馆由广东香山人古成章等创办。古成章是大成客栈经理，也是中华商会理事，他倡议建广东会馆，众粤帮商行纷纷捐款建成。

广东会馆选址时靠近中国人居住和经商区域的一片坡地上，地势东高西低，建筑呈矩形布局。建筑造型采用了仿欧式的做法。楼高二层，五开间，中部突起，顶与两侧置有装饰物。立面中将一层做成可遮阳防雨的凹廊，是典型的广东建筑做法。楼

广东会馆旧址

① 青岛市档案馆编：《青岛城市历史读本（1891—1949）》，青岛出版社 2013 年版，第 73 页。

前有一处很大的院子，可供集会使用。该建筑为砖石木结构，建于1906年，占地面积约2200平方米，建筑面积约450平方米，内设会议、客房、游艺等房间。

广东会馆在中国人居住的鲍岛区，鲍岛区不同于青岛区，这里房屋栉比，一般没有庭院，多为中式建筑。而广东会馆有宽敞庭院，又是欧陆风格建筑，十分突出。

1912年孙中山先生来青岛，他是广东人，来广东会馆与广东同乡会晤，又合影留念。康有为也是广东人，多次到广东会馆参与活动，为会馆题词。1927年他在山东路上的著名粤菜馆——英记酒楼参加宴会，回家后患病，逾二日病逝，广东会馆为其举行了追悼会。

广东会馆设有客房，可供外地广东人在青岛住宿，有会议室、游艺室。20世纪30年代又在郊区双山建了广东公墓，作为客死青岛的广东人安葬之所。20世纪50年代广东会馆停办，原址曾作为芝罘路小学校舍。

3.三江会馆旧址

三江会馆①是安徽、江苏、浙江、江西四省人士在青岛的同乡会组织，位于芝罘路和四方路路口。1907年5月由江苏人丁敬臣等创办。②

三江会馆位于当时华人城区的高地，坐东面西，按中国传统四合院布局，共有三进院落。第一进院落与第二进院落有4米的落差，临芝罘路上有高5米、宽20米的高大影壁墙和一对带刁斗的旗杆。二进院落为主院落，正屋为五开间的议事厅，中间三开间设外廊。对面设有一座大戏台，高3米，宽10余米。两侧厢房为二层，做看台之用，院落为露天席座。三江会馆在四方路上开有旁门，可直接进入主院达议事厅。后修建第三进院落三江里，供给江南客商租用。

三江会馆是青岛十几处会馆中面积最大的，占地约4000平方米，建筑

---

① 因安徽、江苏原为一个省——江南省，清康熙六年（1667）才分为两个省，所以清末的"三江"，即指江南、浙江、江西三省，实际包括4个省。
② 鲁海：《老楼故事》，青岛出版社2003年版，第160页。

面积约980平方米，砖木结构。在满眼欧陆建筑的青岛，三江会馆是少有的中国传统民族形式建筑，白粉墙，黑瓦顶。该建筑当时在青岛影响很大，当时的德国总督和山东巡抚杨士骧专程参加了落成典礼。特别是大戏台堪称青岛最早的中国人剧场，戏台条件很好，几十年间不少国内戏曲名伶，如余叔岩、孟小冬、筱翠花、杨小楼等曾在此演出。一些人家为寿、喜

三江会馆旧址

等在这里请名伶演出，经常有弦歌锣鼓声。著名戏剧家洪深、俞珊、作家老舍等都曾是青岛第一个京剧票社"和声社"成员，洪深、俞珊都曾在此粉墨登场演出过。

三江会馆建成后，经常举办慈善活动，设有平民施医所，只收挂号费一角，贫困患者免收，有神效丹、天中茶等药品常年免费赠送。三江会馆还附设有三江小学和供四省人士居住的"三江里"。

苏、皖、赣、浙四省人士在青岛从政、从商的都很多。曾任两江总督的周馥（安徽人）曾任三江会馆会长，浙江人竺年兰曾任绸布业公会会长。四省人士在纺织业、绸布业、西服业、印染业以及金融业、饮食业等领域有较强的实力。

三江会馆的南侧是广东会馆，1912年孙中山到青岛考察，曾在广东会

馆参加同乡见面会，又到隔壁的三江会馆出席盛大的群众欢迎会。解放后三江会馆与广东会馆打通，建为市南辅读小学。今天三江会馆老建筑还存有一座"议事楼"，可见当年风貌。

4. 两湖会馆旧址

两湖会馆位于大学路 54 号。该建筑由当年湖南、湖北两省在青岛工作居住以及经商的各界人士筹资修建。建于 1933 年，是当时较有影响的一所会馆馆舍。占地面积 2993.34 平方米，建筑面积 777.19 平方米，地上二层，砖石结构。主入口设在临路的东侧，共有 18 间房屋。建筑布局为"T"形，对称式布局，主立面中部为高起的硬山墙，两侧顶部屋檐外则设计为城墙垛的式样。这种表达形式，似乎是要在欧洲格调建筑的包围中体现中国式特色。其总高 10.2 米，檐高 3.6 米。花岗岩石嵌缝砌筑墙基，红瓦斜坡屋面，室内木板地，地板及梁用白松木。

湖北、湖南是中国中部的两个大省，从 20 世纪 20 年代后期，许多两湖人士来青岛发展，以公务员居多，还有教师、企业职员等，为了乡谊，分别

两湖会馆旧址

成立了湖北同乡会和湖南同乡会，湖北同乡会又在台西濮县路上建了湖北会馆。

1931年湖北天门人沈鸿烈任青岛市市长，当时青岛还有一些湖北籍官员，如教育局长雷法章等，因原会馆面积太小，遂在大学路购地建新会馆，湖南同乡闻讯与他们联系共同建了两湖会馆，1933年落成，是继三大会馆之后的第四大会馆。

两湖会馆同齐燕会馆一样有礼堂，不过很少演京剧，而多演出话剧、歌舞。同乡中也有人在这里举行婚礼。同其他会馆一样，这里也有客房、餐厅，供临时来青岛的两湖同乡使用。

两湖会馆是红瓦黄墙的仿欧陆风格建筑，但在房顶有类同中国城墙的装饰，别具一格。解放后这里是大学路小学。

二、商会、工业会旧址

1. 商会旧址

青岛市商会是伴随着青岛口岸的开放和青岛建置逐步产生发展起来的。1891年，青岛建置后，商号逐渐增多。至1896年，商号增至60余户。商众为排忧解难，共襄公益，遂建立"公所"，设天后宫内。天后宫"公所"，可谓商会之雏形。

1897年德国占据青岛以后，大量外侨商会相继成立。在斐迭里街（今中山路）72号建立德国商会，另有美国商会、英国商会，日本的商会组织称青岛商工会议所。为求得在外商垄断下的生存，在青岛经营的华商在也自发建立了华商商会。1902年，德国总督批准成立"中华商务公局"，主管华商事务。中华商务公局设于天后宫"公所"原址。

1910年，清政府公布《商会简明章程》，据此撤销中华商务公局，成立"青岛商务总会"，这是青岛第一个正式的商会组织。1916年，北京政府公布《商务法规》，青岛商务总会改称总商会，在会商号有180个。第一次用投票方式选举产生了第一届董事会，会长丁敬臣。

1918—1922年，由成兰圃连任两届会长。1922年，商会改选，隋石卿任会长。在此期间，商会积极参与教育事业，为开办青岛大学筹措经费。

20世纪20年代末到30年代中期，是青岛市商会的黄金时代，成为襄助政府管理城市的最大社会组织，青岛商会所蕴含的能量足以改变这座城市的发展走向，因此被民间俗称为"二衙门"。1927年时，巨商宋雨亭成为青岛商会的会长，在他任职的十年期间，整合各方力量，在教育、司法、金融、医疗卫生等领域形成了在青岛的一股抵御外部资本、外部势力的中国力量。

1938年1月，日军再次占领青岛后，将商会办公楼改为青岛治安维持会会址。此时的商会处于瘫痪状态。商会众多年高德劭之辈纷纷退职离青或隐居，坚决不与日伪同流合污，表现出极高的民族大义。

青岛商会旧址位于中山路72号。中山路72号建筑，建于1921年，占地面积约2000平方米，建筑面积约1500平方米，为砖石木结构的二层楼，有地下室和阁楼。虽然建筑本身在繁华的中山路并不醒目，但是作为日占时期出现的青岛华商商会会馆，意义却显得十分重要。据有关资料介绍，商会建筑是一栋沿街展开布局的房屋。平面布局为"一"字形，内置走廊。墙体以花岗岩蘑菇石砌基，墙面拉毛，与当时大部分的建筑形式及材料使用相近。西侧置木敞廊，属于殖民地式建筑风格的常用手法。

1946年商会改组，设秘书室及总务、商工、调查3科，下辖酿酒业、印刷业、造纸业、建筑业、染织业、火柴业等19个工业同业公会，56个商业同业公会。工、商共有会员55000余家，会员最多的同业公会是摊贩业，有会员6000余家。

1947至1949年间，青岛市总工会会址设于此楼。新中国成立后，青岛市工商联（青岛市总商会）、多个民主党派及有关部门在此办公。1990年后其临街庭院及内部被分割改建为商铺。

2000年，该建筑以"青岛商会旧址"之名列入青岛市第一批历史优秀

青岛商会旧址

建筑。2013年3月1日，被列入第二批市南区文物保护单位。2021年9月，青岛市市南区启动了该建筑的修缮保护项目，2022年8月修缮完成，这里的一层及负一层区域被打造成中山路城市记忆馆，于9月29日正式开馆。久违的花窗、石柱、装饰再次呈现，建筑被打开，记忆一同被打开！记忆馆以中山路历史文化的发展与形成为展陈主线，沿时代顺序分为老街寻踪、红色印迹、商业母脉、文化繁兴、经典建筑和时尚风情等6个部分，将青岛自开埠以来不同时期的发展历史，特别是中山路街区的历史记忆，浓缩在3000平方米的"老青岛商会"经典历史建筑空间中进行讲述与展示，赓续城市文脉、传承城市精神。

2. 工业会旧址

青岛开埠较晚，民族工业发展尤晚。1922年，我国收回青岛后，始有华新纱厂、永裕盐业公司、恒兴面粉厂等稍具规模的民族工业陆续创设。当时并无工业团体组织，工业和商业皆由商会统一领导。

1930年，实业家刘鸿生首先在上海倡导成立"中华工业总联合会"。

1932年，青岛华北火柴公司负责人周子西，得到总会的同意和支持，在青岛发起组织成立"中华工业联合会青岛分会"，首任会长周子西，副会长陈介夫和吴伯生，会址设于华北火柴公司内。

1937年，"中华工业联合会青岛分会"在太平路小学举办"青岛国货产品展览会"，得到青岛市市长沈鸿烈的大力支持，博得了各界人士的好评。同年，经青岛市政府批准拨给馆陶路24号（原国货陈列馆）为会址。并接受市政府委托代办国货陈列馆业务。

1938年1月10日，日本帝国主义第二次侵占青岛，会址被日本商工会议所占用。1944年4月迁川的工业界人士在重庆组织建立了"中国全国工业协会"，负责人为吴蕴初，尹致中为该会主要成员之一。

抗战胜利后，该会委派尹致中为"青岛地区分会"筹备主任。"中国全国工业协会青岛分会"于1946年4月20日在《民言报》礼堂正式成立，共

中华工业联合会青岛分会（日本商工会议所）旧址

有会员厂 216 家，尹致中当选为主席委员，并建立了职能机构，以泰山路
60 号作为会址（现已拆除）。

1947 年 6 月，"中国全国工业协会青岛分会"改为"青岛市工业协会"，
1948 年 6 月依法扩组成立"青岛市工业会"，共有直属会员 447 家，团体会
员 1086 家，出席代表 382 人，选举理监事 32 人，尹致中任理事长。青岛工
业的团体组织——"青岛市工业会"始正式成为法定组织。

1949 年 6 月 2 日，青岛解放。同年 11 月，青岛市工业会由"青岛市
工商业联合会筹备委员会"接管。青岛解放以后，成立了青岛市工商业联
合会。

三、青岛市工商联

工商联是中国共产党领导的以民营企业和民营经济人士为主体的，具有
统战性、经济性和民间性有机统一为基本特征的人民团体和商会组织，主要
围绕促进非公有制经济健康发展和非公有制经济人士健康成长的主题履行职
责、发挥作用。

青岛市工商联成立于 1952 年 6 月。工商联是在接管旧商会、工业会和
和整顿改组同业公会的基础上形成的新的管理机构。青岛市工商联成立初
期，筹委会会址设在中山路 72 号青岛市商会原址。"文革"期间，停止正常
活动。

1978 年 6 月 23 日，青岛市工商联恢复活动，成立市工商联临时领导小
组，在青岛市太平路 29 号青岛市政协办公。1983 年 11 月，市工商联由太
平路 29 号迁回中山路 72 号。2001 年 6 月 19 日，市工商联由中山路 72 号
迁至东海路 49 号 D 座办公。2009 年 10 月，由东海西路 49 号迁至山东路
16 号阳光泰鼎大厦办公。

第三节 昔日"上青天"印迹

青岛是我国最早的纺织工业基地和纺织品出口的重点城市，在 20 世纪五六十年代，青岛成为与上海、天津齐名的国内三大轻纺工业城市之一，与上海、天津一起被誉为"上青天"。

中国纺织业"上青天"格局的形成，也是中国近现代纺织业竞争演变的结果。在 20 世纪前 50 年，其发展大致可以分为两个时期。1914 年至 1936 年为规模形成期，棉纺锭从近 80 万枚发展到 509 万余枚，增长 5.4 倍。至 1936 年，上海棉纺锭和毛纺锭的数额位居第一；青岛的生产规模仅次于上海，位列全国第二；天津位列第三。1937 年至 1949 年为发展期，此时除环绕着沿海的上海、青岛、天津三个纺织工业中心城市外，还形成沿江的无锡、南通、武汉、重庆等一批纺织基地。青岛在"上青天"的整体格局中的崛起迅速，地位举足轻重。这份盛誉的取得，四方、沧口的老纺织企业作出了巨大贡献。

一、四方、沧口老纺织企业叙略

青岛的纺织工业首先由四方开始，逐渐向沧口发展，原四方沧口区不仅是青岛市纺织工业集中的地带，也是我国纺织工业集中的地带。

1. 民族纺织工业艰难生长

1897 年，德国强行租借青岛，把青岛变成它在远东的军事基地和掠夺中国财富的据点。1902 年，德国在青岛沧口占地 350 亩，建德华缫丝厂，利用山东丰富的柞蚕和桑蚕资源，使用蒸汽机械缫丝，直接运往西欧销售。1914 年，日本乘第一次世界大战之际取代德国占领青岛。日商分两批在青岛沧口地区开办了内外棉、大康、宝来、富士、钟渊、隆兴等纱厂，占日本在青岛建厂总数的三分之二。在"实业救国""抵制日货"的爱国口号下，

上海纱厂（国棉五厂）旧址

皖籍周氏于 1919 年在板桥坊开设了华新纱厂，这是青岛民族纺织工业的先行者。20 年代以后，又有人陆续在四方开设了一些小规模的私人织布机房。

　　1931 年九一八事变后，日本加快了对中国的武装进攻和经济掠夺。1934 年和 1935 年，日本抢占沧口土地 100 多万平方米，开办了丰田纱厂、上海纱厂和同兴纱厂，使沧口的日商纱厂纱锭总量猛增至织机总数的 74% 以上。1937 年七七事变后，青岛市市长沈鸿烈实施了南京国民政府的"焦土抗战"政策，于当年 12 月 18 日晚 8 时起，将沧口、四方的 9 家日商纱厂依次炸毁。爆炸之后，大火烧了 3 天 3 夜，使日商损失 1 亿多元，沉重打击了日本"以华制华"的侵略阴谋。1938 年，日本侵略者出于对华战争的需要，制订"纱厂复兴"计划，在青岛建造新的厂房，从日本运进新出产的纱机和织机，诱骗工人进厂准备复工。日本长崎国光纺织株式会社低价强行购买了青岛华新纱厂。至此，青岛的纺织业完全被日本垄断。

　　1945 年 8 月，日本无条件投降。1946 年 1 月，中国纺织建设公司（简称中纺）青岛分公司接收了在青岛的所有日商纱厂，分别命名了9家中纺青岛棉纺织厂①。沧口地区时有6家，即中纺青岛第四棉纺织厂、中纺青岛第五棉纺织厂、中纺青岛第六棉纺织厂、中纺青岛第七棉纺织厂、中纺青岛第八棉纺织厂、中纺青岛第九棉纺织厂，共有纱锭227152锭，占全市纱锭总数的64.21%以上；共有线锭21600枚，占全市的53.5%；共有织机4630台，占全市总数的65%。

青岛民族纺织工业在日商工厂林立的夹缝中，在其后与官僚资本的竞争中，艰难生长，不仅争得了一席之地，而且得到了发展，为解放后发展社会主义工业准备了一定的基础，功不可没。

2.纺织企业的历史贡献

新中国成立后，青岛纺织企业胸怀大局，无私援建国内外建设，为我国纺织工业的建立和发展作出了重要的历史贡献。

从1950年开始，沧口各纺织厂在国家计划指导下，不仅选派出纺织技术人才组成专家组，赴越南、赞比亚等国家援建纺织工业，还选调管理干部和纺织技术专门人才支援北京、山西、陕西、甘肃、新疆等省、自治区、直辖市建纺织厂，发展纺织工业。从1963年开始，根据山东省政府的安排，沧口各纺织厂调拨纱机和织机，抽调大批技术人才和大量资金，到省内产棉区办分厂，为改变全国、全省纺织工业的不合理布局作出了很大的贡献。

一是支援省外建纺织厂。1953年开始，青岛国棉七厂、国棉八厂支援北京国棉一厂至三厂、郑州国棉五厂、新疆七一棉纺织厂建设，还为北京和河南等省、市培训了300多名纺织运转工；二是在省内产棉区建纺织厂。青岛国棉九厂、国棉八厂、国棉七厂、国棉六厂分别建立菏泽分厂、临沂分厂、济宁分厂、蒙阴分厂等。1970年，按照山东省政府决定，青岛各纺织

---

① 曾繁铭：《沧口老纺织企业历史印记》，《李沧文史资料第二辑》，李沧区政协文史委员会，青岛出版社2006年版，第127页。

厂与各自建设的分厂脱钩，把工厂交给当地政府管理。这些由沧口老纺织企业援建的纺织厂，都成为当地的"摇钱树"和"聚宝盆"，大大促进了所在地域经济的发展。

四方沧口老纺织企业的历史沧桑，展示了当年青岛纺织工业的崛起和辉煌。现如今，这些老纺织企业在历史的变革中，有的虽然消失了，但是，它们在青岛的发展史上都烙下了闪光的印记。

二、民族纺织工业史存

在青岛纺织工业发展和走向辉煌的过程中，有几个实力较强的企业和代表人物，他们对"上青天"格局的形成做出了标志性的贡献。如：周氏华新纱厂开了中国人在青岛办机器纺织厂之先河，成为日商强劲的竞争对手；杨子生的维新化学工艺社，创始性地研制生产出了"煮青"硫化染料，成为国内首家民族燃料厂；陈孟元创立的阳本印染厂，是华北第一家采用机器印染的民族资本企业。我们试图追寻他们创业的足迹，但是遗憾的是这方面的遗存极少，只能从现存史料中做一展现。

1. 周氏故居与华新纱厂

旧中国民族企业家有"南荣北周"之说，"荣"即荣氏集团，"周"即周氏集团，可见周氏集团的雄厚实力。他们在青岛创业的过程中先后购买了几处住宅，演绎了周家三代人创办实业的故事。

周氏集团第一代是周馥。周馥（1837—1921年），字玉山，安徽人，原是李鸿章幕僚，清末曾任山东巡抚，他来德国占领下的青岛拜访胶澳总督，后升任两江总督，贵为封疆大吏。辛亥革命推翻清王朝，周馥来到青岛定居，在湖南路上建了一所住宅。

周馥的四子周学熙是第二代的代表。周学熙（1866—1947年），字缉之，号止庵，28岁中举，曾任开平矿务局总办。袁世凯任山东巡抚时，创办山东大学堂（今山东大学），任命周学熙为总办（校长）。山东大学校史载其为

华新纱厂车间旧照

山东大学首任校长。民国政府成立后，周学熙曾任民国财政总长。周氏父子在青岛、天津、唐山等地先后建了一大批企业，如纺织厂、水泥厂等，是北方最大的民族企业家。青岛华新纱厂是民国时期青岛民族企业四大工业巨头之一，是当时青岛由中国人开办的最大的企业，是青岛唯一的棉纺织工厂，也是华北重要的民族企业之一。

周学熙有三子，由于其爱好各异，在不同领域的成就也各有千秋。

长子周明泰，字志辅，是著名京剧研究家，在戏剧文献的收藏和戏曲理论研究方面有一定成就。

次子周志俊，著名企业家，青岛华新纱厂的主要经营者。他注重科学管理，培训技术人员；在经营上与日商巧妙周旋，突击发展短快产品，开辟外国市场。还利用日商纱厂罢工和群众的反日情绪，大力宣传华新国货产品，很快发展为华北地区最大的纺织印染联合企业，成为民族纺织工业的领军企业。

抗日战争爆发后，周志俊把青岛华新纱厂的机械设备移到上海，先后又在上海创办了"三信"（信和、信孚、信义）"三新"（新安、新成、新业）工厂，使他在上海企业界建立了声誉，为我国民族工商业的发展作出了一定贡献。同时，他在香港、仰光、昆明经营运输业，给大后方运送物资，支援抗日战争。抗战胜利后，除继续经营青岛华新纱厂外，他还在上海开设机电、制酸、电器等工厂。

如果说周志俊在前半生继承父志的生涯中，突出的是以"实业救国"为个人奋斗目标，而其后半生的政治生涯则标明了他还继承了先辈爱国爱乡的思想和行为。全国解放前夕，在究竟何去何从的大是大非面前，周志俊一度有过徘徊彷徨，他曾携家去香港，调去了一部分资金，有留居该地的打算。后来天津解放，有关共产党对民族资产阶级的方针、政策的消息不断传来，加上一些进步人士的动员和堂兄周叔弢已留在天津，周志俊思想陡转，终于在1949年初，在信和纱厂董事长颜惠庆的电召下，毅然返回上海，迎接解放，参加新中国的建设事业。

1950年，周志俊为抗美援朝捐献飞机一架；1954年他所办的华新、信孚、新业、新安等主要工厂全部实现了公私合营；1956年，他主动提出放弃领取定息，支援祖国建设；1979年至1985年，先后向山东省工商联、儿童福利基金会、体育中心捐款6万余元。1984年他委托山东省工商联代为办理手续，将自己应在青岛、上海、南通、无锡等地10多个单位领取的95万元定息，全部上交了国库，还先后购公债、国库券6.8万元，受到了党和社会的尊敬和赞赏。

周志俊在新中国成立后加入了中国民主建国会，先后担任青岛市人民代表，青岛市政协副主席、山东省人民委员会委员、中国国际信托投资公司董事，山东华建公司董事长、山东省第三届、四届政协副主席，全国政协第五、六届委员，山东省第五、六届人民代表、常务委员会副主任等职。他关心祖国统一大业，并寄语海外亲友，为早日实现和平统一而共同努力。

三子周叔迦代表了周氏家族第三代的文化成就，他弃商研佛，为现代中国三大佛学家之一，著有《中国佛教史》等著作。他对中国佛学研究、佛教教育，以及佛教文化的积累、整理和建设，都作出了重要的贡献。1940年创办中国佛教学院（院址在瑞应寺），1941年创办佛教刊物——《佛学月刊》（1941—1944年），还出版了《中国佛教学院年刊》。解放后发起并参加了1953年成立的中国佛教协会，任副会长，在此期间他领导并完成了《佛教百科全书》的编辑，房山石经的拓印，全国石窟的调查等工作。1956年后主持中国佛学院的工作，任中国佛学院副院长兼教务长，并亲自授课，带研究生，一心致力于中国佛教教育事业。他还先后任中国尼泊尔友好协会副会长、中国民主同盟北京市委第五支部负责人，当选为第三、四届全国人大代表。周叔迦逝世于1970年，经周恩来总理明示，新华社与《人民日报》都播发了消息。

周学熙的侄子周叔弢（1891—1984年）著名实业家、收藏家。曾跟随周学熙学办实业，后来在青岛协助周志俊一同管理华新纱厂。日本侵占青岛后，周叔弢不与日本人合作，丢弃"华新"而去。解放后，曾担任天津市副市长、全国政协副主席。

周氏集团后来从工业发展到金融业、房地产业。在青岛除湖南路的住宅外，又在安徽路建了住宅。

"周园"旧址 "周园"是指位于青岛太平角四路5号的周家别墅。这里有楼房5间，平房2间，共368.74平方米，造型美观，环境优雅。周氏家人常在这里休息、小住、度夏。

20世纪50年代中央在青岛建"中央接待委员会"，将八大关、太平角一带房屋划入范围，除公房、代管房外，将私房尽行收购，也包括了位于太平角四路的这座小楼，后划拨为济南军区第一疗养院。纪实长篇章回小说《官场现形记》《桃源梦》都写了周氏一家，现代长篇小说《贝壳》也以周家为素材。

目前湖南路周宅已拆除，周氏别墅小楼尚存。

周叔迦故居 位于市南区福山支路13号，小鱼山山巅的东侧，东南望

"周园"旧址

周叔迦故居

汇泉湾。房屋建于 1930 年，初由工程商谢仁租地造屋，落成后即由著名民族实业家、华新纱厂总经理周志俊购入名下，其胞弟周叔迦（1899—1970年）在此居住。1931 年，他与时任南京国民政府交通部长的叶恭绰共同发起，创办湛山寺及湛山佛学院，除为寺庙捐款外，又建了寺旁的药师塔，随后的 1934 年，湛山精舍起于小鱼山之巅，近在咫尺，他常去那里讲佛学。周叔迦为青岛打下了一颗天台心印，留迹文化史。

屋宇造型简洁，不事雕琢。它坐拥山海澄明之境，除了小鱼山之外，八关山、信号山、青岛山及太平山均入视野之内。屋宇为砖木结构欧式小楼，地上二层，有面积 480.25 平方米。花岗石砌出地基和半地下室的墙体，其上为平整的水刷墙面，多折坡攒尖式屋顶，覆红色板瓦。主入口门廊相对开阔，其上为二层的露台，在二层的东面设置一面凸肚三联窗，给出了建筑的一个视觉标志。门窗均为平拱，无装饰。

2. 维新社旧址与"国染第一厂"

维新社即维新化学工艺社，由著名企业家杨子生创立。位于四方区杭州路 28 号。维新社初创时设于台西镇 5253 号民房（今市南区团岛二路处），1919 年秋季成立，首创"煮青"硫化染料，成为国内首家化学染料厂。1922 年迁至下四方村（今北山二路）一带重启工厂，专门从事染料制造。台西镇旧址，后由杨子生长子杨文申开办了福字胶皮工厂（即今双星集团前身）。

1935 年，工厂被日商控制。同年，择址半壁巷（今杭州路）建造新厂房。工厂占地面积近 10 万平方米，厂区内的石砌仓库为该厂最早建筑之一，原用以储存危险化工原料。原日本高级职工宿舍为日本仿欧式建筑，花岗岩砌基，水刷墙，红瓦坡顶。另存早期所建的一栋办公楼，为砖石结构建筑。

维新化学工艺社经过 30 年的曲折发展，解放后收归国有，后改名为青岛染料厂。

青岛染料厂坐落于青岛市四方区杭州路 28 号（总厂）和宜昌路 31 号（分

维新化学工艺社旧址

厂），有员工 2000 余人，占地面积 34 万平方米，总资产 5.1 亿元。[1] 主要产品有包括各种染料、颜料、医药、农药中间体和化工原料等在内的 100 多个精细化工品种，年总生产能力 2 万余吨。青岛染料厂是国内最早生产合成染料的企业，所以素有"国家染料第一厂"之称。

1999 年青岛染料厂改制为青岛双桃精细化工（集团）有限公司。2009年，由于环保原因，总厂除党政办公机构外，所有生产车间均迁至湖岛分厂。2010 年后，又陆续搬迁到平度建新厂，现更名为青岛海湾精细化工有限公司。

---

① 庄品英"国染第一厂"史存——青岛染料厂旧事，《四方文史资料第二辑》（内部资料），第 262 页。

在青岛染料厂的发展历史中，仍能看到民族工商业者惨淡经营，几经沉浮的命运。杨子生和维新化学工艺社对中国染料工业的产生与发展功不可没。

3. 小阳路与阳本印染厂

人民路原来叫小阳路，"小"指的是小村庄，而"阳"就是指阳本印染厂，由此可见当时这家厂子多么有名。阳本印染厂是华北第一家动力机器印染厂，始建于1934年，创始人是爱国实业家陈孟元（1894—1963年）。他白手起家，艰苦奋斗，从一个东北货栈的小学徒，发展成为颇具实力的企业家。成为民国时期青岛民族企业四大工业巨头之一，61岁时当选青岛市副市长。陈孟元的一生涉及商业、工业、政坛，经历可谓丰富，电视剧《大染坊》中陈孟元成为剧中的重要原型。

观海二路27号，一座旧式的三层小楼，据说是陈孟元安度晚年的地方，可惜这座小楼的详细情况我们无法更多的了解。陈孟元这一生开货栈、办工厂，事业上干得风生水起，个人生活却格外低调。据陈孟元的后人介

陈孟元青岛旧居

阳本旧厂房旧址

绍，虽然家财万贯，但他一生简朴，在生活中甚至"土"得很，只爱穿妻子亲手缝制的衣服，但办起工厂来却"洋气"得很，设备一定要最先进的。

在爱国救国方面更是从不吝啬，他曾想卖掉所有工厂，用这笔钱去制造一颗原子弹，以防外敌再次入侵。1945年8月，日本人无条件投降了，摘掉了"亡国奴"的帽子，陈孟元开始思考日本人投降的真正原因，最终他得出结论：是两颗原子弹把小日本炸趴下了。于是他又想：如果中国人也有了原子弹，那还有谁敢欺负我们？于是他作出了一个决定：倾家荡产也要造出一颗原子弹。抗战胜利，太阳烟草公司急待恢复生产，阳本印染厂也尚未收回，有许多事情都在等着陈孟元处理，但他却放下企业的事情不顾，把心思全部放在了造原子弹上。陈锡早说，那是父亲第一次"不务正业"。

陈孟元从来就不是个只说不干的人，他认为炸弹是铁壳内装炸药，原子弹无非是铁壳内装"原子"，原子怎么造还不清楚，那就先造铁壳吧。他在当地找到一颗当年飞机上丢下来却没有爆炸的炸弹，带着尺子去量了尺寸、画了图纸，然后交给一家铁厂加工。没过几天，铁厂的掌柜来电话："陈大掌柜，你的原子弹造好了。"陈孟元去验收的那天，铁厂上下就像看娶媳妇一样，热热闹闹地围着这颗小轿车大小的"原子弹"，陈孟元对照过图纸后感到很满意，当场就付了钱，并让铁厂掌柜给弹壳搭个架子，等他请专家研究好了"原子"再来取。只是没过多久，一场旷日持久的官司让他不得不匆匆赶往青岛，制造原子弹的计划也就搁浅了。

1951年6月5日，青岛市各民主党派、各群众团体发表联合声明，响应抗美援朝总会"关于推行爱国公约，捐献飞机大炮"的号召，掀起了捐献飞机大炮的热潮。陈孟元独家捐献一架飞机的价款，这在私营企业中是第一家。在他的带动下，青岛工商界人士踊跃捐献。在"三反""五反"运动中，陈孟元以不偷工减料，不投机取巧，支持职员"归队"（即高级职员或选择原职原薪，成为资方代理人，成分属资产阶级；或选择归回工人队伍，工资由政府定），动员职员大胆揭发存在的问题，被政府评为守法户。

1953年，党和政府提出对农业、手工业和资本主义工商业进行社会主义改造的号召，陈孟元参加了在上海由陈毅副总理主持的华东地区座谈会。他在会上发言说："我申请公私合营，不是全国第一家，我要争取是山东第一家，不是山东第一家，我也要当青岛第一家，总之，要带头公私合营。"1954年6月1日，政府批准阳本印染厂为青岛市第一批公私合营企业，陈孟元任青岛市公私合营阳本印染厂董事长。为了扩大生产，他还用自己所存黄金3200两、美钞8000元，购买织布机200台，在青岛工商界引起轰动。

1956年4月，陈孟元当选为青岛市副市长。在任副市长期间，他一方面做好工厂管理，一方面积极参加政府会议、参与决策、会见外宾、处理信访，工作极为繁忙。工作之余，挤时间在家中进行科学实验。1957年，他的人造纤维实验成功，提出了在青岛建人造丝厂的建议。1963年12月22

日在青岛病逝。

陈孟元曾当选第三至五届青岛市各界人民代表会议协商委员会副主席，政协青岛市第二、三届委员会副主席，全国第一、二届人大代表，山东省第一、二届人大代表，青岛市第一至五届人大代表，青岛市第三至五届人民政府委员，山东省第一、二届人民委员会委员，中华全国工商联合会执委，民建青岛市委员会主委，民建山东省第二、三届工作委员会副主委。

4.四方区私营纺织印染业史略

四方区共有私营印染厂7家，共有染槽50对，各种附属设备较全，如煮炼、漂洗、拉宽、烘干、打码等。各厂采用酸性直接染色工艺，主要染当时的流行色青、蓝、灰等，也能染190蓝士林色。各厂都有自己的注册商标，染出的各种色布牢度好，色差低，很受欢迎。如增兴染厂的"伯乐相马"商标青布，每到销售旺季供不应求。青岛解放后，各厂染出的成品由花纱布公司统一销售，同时也接受花纱布公司的加工任务。随着人们生活水平的变化，需要丰富多彩的色布，原有的几种色布逐渐销售不振，厂家不得不另谋出路。有5户转产塑料，所有设备和大部分人员同时转入塑料公司，另有少数人员转入化工、橡胶等厂。留下的裕泰染厂由四方区工业局接管；留用全部生产人员，管理人员则由化工部门安排。区工业局接管后即安排生产各色平绒，市场销路颇佳。后因嘉禾路拆迁，裕泰染厂宣告解散。另一家明新染厂经市局决定迁往德州，由德州市安排建厂，但由于污水无处排放，当地不同意建厂，致使运到的设备全部露天存放，人员有的辞职回青另谋职业，有些因病返青听候安排。两年之后，明新染厂宣告撤销。

第四节　青岛民族工业旧址

面对外国资本的掠夺和官僚资本的压榨，早期民族工商业者在夹缝中求生存，以勤劳和智慧谋发展，在食品、日用品、机械制造等多个行业建立工厂，创造了民族工业的骄人业绩，他们不愧为青岛民族工业的拓荒者和功臣。在此，我们根据现有的工业遗址资料，作一简要回顾。

一、丛良弼公馆与振业火柴公司

丛良弼公馆位于齐东路 2 号，建于 1925 年至 1928 年。住宅由主楼及其西侧的一座二层辅楼组成，占地面积 1564.11 平方米，建筑面积 869.46 平方米。庭院中设有喷水池，植有大片竹林。主楼为砖木结构二层楼，有阁楼，利用东高西低的地势落差形成半地下室。花岗石砌出地基和半地下室墙体，其上为黄色水刷墙，门窗或圆拱或平拱，上下均镶有深色装饰线。屋顶为四面坡，覆红色牛舍瓦，上开有老虎窗。主入口设于南面。楼房设计中西结合，运用多种造型元素，特以东南角一座文艺复兴式八角塔楼为标志，金色盔顶上装有铜制风向标。整体造型典雅、流畅，房间高敞明亮，富有艺术格调。门厅兼做主楼梯间，二层楼梯间向南连接一个大型露台，弥布田园之美。

丛良弼（1868—1945 年），著名实业家，山东火柴工业的创始人。当时，国内火柴主要依赖进口，俗称"洋火"。丛良弼深为中国工业落后、大量资金外流而感到痛心。1913 年，在日本历练十几年后，已经掌握了火柴制造和销售的全部秘密的丛良弼，在济南创办了民族品牌的火柴厂——振业火柴股份有限公司。所产火柴除行销国内市场外，还供出口，一举打破了"洋火"垄断国内火柴市场的局面。

丛良弼承担起实业家的社会责任，致力于社会慈善事业，救济贫困，开发教育。1934 年，筹办世界红卍字会青岛分会，并担任会长。在鱼山路、大学路口买下土地，陆续落成三进大殿，在院内设立慈济医院，免费为穷人治病。同时，丛良弼曾三次拒绝出任青岛商会会长或者市长之职。1943 年冬，日军将 2000 多名中国劳工囚禁在青岛第一体育场内，缺衣少食，还经常遭受残酷的折磨和迫害。丛良弼获悉后，联合青岛的进步力量和工商业巨子，红卍字会筹集资金数十万元，先后分三批将这两千多人解救出来。1925

丛良弼公馆旧址

年丛良弼在曹县路创立振业火柴公司分厂，附设有梗片厂，并设有职工宿舍、医务室、职工澡堂等，设备比在山东的日本火柴厂还大、还先进，产品销至山东、华北、东北各地。是青岛现代化进程中的一个重要坐标。解放后，公私合营，振业火柴厂并入青岛火柴厂，原址建了青岛自行车厂。

丛良弼还担任青岛红卍字会会长，从事放赈施医等慈善事业，设立医院、学校、救济队等，在鱼山路建会址时他捐款最多。红十字会援助被捕抗日军民时，丛良弼也捐了款。1945年丛良弼去世，火柴公司由其子丛贯一主持，丛贯一自幼生长在齐东路丛宅，青年时去北京，在北方昆曲学院唱戏，是著名小生演员，后任"北昆"剧院院长，成为国内外驰名的昆曲艺术家。解放后任山东省政协委员。

丛宅是青岛大宅门代表性建筑之一。解放后，丛氏公馆为中国医药公司使用，后被私人买走改造为商务酒店。今日丛宅西部花房及园林已建了房屋，主楼及竹林尚在。

二、冀鲁制针厂旧址与青岛"高工"

冀鲁制针厂旧址位于利津路8号。1931年，青岛著名的工业企业家尹致中创建"冀鲁制针厂"，生产各种民用和工业用针，产品质量过硬，产品销往全国各地，并出口至东南亚，在国内外享有较高声誉，是当时中国少有的能赚取外汇的产品，也使青岛成为抵制洋针的重要基地。解放后，1955年冀鲁制针厂改为国营企业。

尹致中（1902—1984年），山东莱阳人，实业家，中国制针工业创始人。他出身贫寒，1916年到青岛，先后在日商高谷洋行、寺庄洋行当童仆，夜间在日本实业学校学习日语，后就读于青岛商学院。1926年去日本，在制针厂学徒，在广岛高级工业学校学习。1928年回国。1929年在青岛创办忠记针厂。1931年自行发明连三式自动制针机，同年建立冀鲁针厂。冀鲁制针厂是中国第一家制针企业，其产品销往全国各地，并出口至东南亚。1933年又创立兴

冀鲁制针厂旧址

抗美援朝时期冀鲁制针厂"天华牌"广告

华实业机器厂，专门制造制针机器。1936年任中华工业联合会青岛分会主席。

在兴办实业的过程中，尹致中深感青岛作为工业城市却无工业学校，缺少人才，不利于企业发展和对外竞争，于是创建工业学校，培养了大批工厂技术骨干，为青岛工业的发展作出重要贡献。

青岛高等工业学校原址位于今杭州路43号。这里原为日本国民学校，抗战胜利后，作为青岛高级工业职业学校，简称"高工"，尹致中兼任校长。高等工业学校原址曾作为四方区干部职工业余学校和区文化馆。

三、胶济铁路四方工厂旧址

城市工业的发展离不开交通运输的保障。特别是胶济铁路的开通，对于青岛经济的发展起到了重要的推动作用。伴随着胶济铁路的建设施工，胶济

胶济铁路四方工厂旧址全景

铁路四方工厂便应运而生。这里是青岛红色轨迹的起点，是邓恩铭等人建立青岛党组织，开展早期革命活动的地方，是青岛第一个工会——圣诞会的诞生地，也是青岛早期工人运动的发源地和大本营，在青岛现代发展史上发挥了重要影响。

胶济铁路四方工厂旧址位于杭州路16号。据说当时德国人对铁路工厂的选址颇费思量，后来选址在胶济铁路四方站附近，主要是为了方便利用已建铁路线，降低进口材料的运费，且远离城市中心，减少干扰。厂区初建时占地12.5万平方米，总平面布局以机车修理车间为中心，其附近设置了锻工车间、机工车间、木材场、仓库等。西部设机车库，北部为煤场。从胶济铁路引进专用线伸入厂区。各主要车间建筑面积共计5200平方米，建设形式采用工字形钢架结构，纵向排列，建筑为单层，外墙处理为用清水砖砌出假券、山墙、扶壁等装饰细部的方式，给人明快、清新的感觉，具有较质朴的格调。生产区的东侧建有宿舍楼三层，建筑仍用四周设假廊的形式，属同时期欧洲普通公寓建筑形式。其主要车间采取钢架连续梁形式，按跨距6米以10跨连排形成宏大的生产空间，在当时国内尚属罕见，显示着德国人建造工业厂房的技术和水平。

四方工厂建筑开工于 1900 年 10 月，建成于胶济铁路通车的 1904 年。建成后即承担了全路机车车辆的组装和修理任务。后于 1913 年又增设了镟床、锅炉、油漆、电气修理等厂房。至 1914 年，累计组装与修理机、客、货车 1148 辆。该厂华工多数是来自当地的木匠、铁匠，少数是从上海、天津等地招来的技术工人，成为青岛工业的骨干。培养出来的技术工人对发展全市工业发挥了重要作用。

胶济铁路四方工厂，是继唐山、大连两厂后第三家出现于中国的铁路机车车辆工厂，几十年中一直是青岛第一大厂，职工逾万人。如今已发展成为隶属中国南车集团的青岛四方机车车辆股份有限公司，国有特大型一级企业，是国家高级技术中心、国家高速动车组实验基地。

四、百年青岛啤酒

2002 年 5 月，时任香港财政司司长的梁锦松先生在一次省港两地交流会上说："国外人认识中国通常有两种途径，一个是两千多年前的孔子，另一个途径就是青岛啤酒。"[1]中共中央政治局原常委、全国政协原主席俞正声在任青岛市委书记、市长期间，曾经在为《青岛啤酒厂志》所作的序中写道："在到国外考察和历史活动中，发现许多国外友人是通过青岛啤酒而了解青岛的，青岛啤酒为青岛增加了知名度，为岛城人民争了光。"

青岛啤酒厂旧址青岛啤酒厂 1903 年至 1904 建成，位于登州路 56 号。原来称日耳曼德国啤酒厂，现在是青岛啤酒厂。

这是青岛一段特殊历史的见证。1898 年德国人占领青岛后，为满足喝啤酒的要求，也基于长期留驻青岛的设想，德国人在占领初期即策划在青岛设啤酒厂。因考虑到工厂生产会给周边带来影响，所以选址于当时属于城市

---

① 《市北文史》首辑，序 002 页。

青岛啤酒厂旧址

郊区的太平山背面，位于登州路 56 号。该组建筑由香港盏格鲁—日耳曼啤酒公司青岛股份公司的德、英商人（以德人为主）投资 44 万元建设，由克姆尼茨市德国机械厂负责设计，汉堡施密特公司施工。全套生产设备，木制的酒桶、容量 7 吨的后酵罐及无毒沥青等都是直接从德国运来的。

建筑采用普通的坡屋顶形式，外部以清水砖墙面为主。为打破建筑物纵向屋檐过长而产生的单调感，设计使局部略外突，起硬山墙，做复曲线状。门窗的顶部发小拱券，墙面上利用砖线条的凹凸排列寻求变化。建筑的设计偏重功能，立面追求统一和谐。

在啤酒博物馆里，至今还保存着日耳曼啤酒公司使用过的设备。这些现在看起来十分笨重的德产电机，是当时世界上最先进的啤酒生产设备，虽已历经百年，但如果接通电源，依然可以正常运转。小楼二楼陈列着四五只庞大的酿造罐，也是纯正的德国货，都是由纯铜锻造而成。1997 年，德国西门子公司从档案里查到了这套该公司于 100 多年前生产的设备至今仍存放在青岛啤酒厂内，感到十分意外，遂派出专家来到青岛考察。他们惊奇地发现，这是当年生产的机器中唯一还能正常运转的一套，婉转地表达了要买回去的要求，被礼貌地拒绝了。当年的机器成了今天的文物，被具有历史责任感的人们用特殊的方式永久地予以珍藏。2006 年，青岛啤酒厂早期建筑，被列为全国重点文物保护单位。

日耳曼啤酒公司青岛股份公司，当时是中国最大的也是最有名的啤酒企业，也是中国啤酒史上的第一家啤酒公司。啤酒厂建成投产后，主要生产淡色啤酒和黑色啤酒，年产能力两千吨。当时产品除了在本埠销售之外，也通过销售网络的各个商号洋行进入上海、天津、烟台、大连等沿海城市。每逢盛夏季节，日耳曼啤酒公司生产的青岛啤酒在当时的北平、上海、香港等一些大城市都会成为抢手货。两年之后，也就是 1906 年，在德国慕尼黑啤酒博览会上，日耳曼啤酒公司青岛股份公司生产的"青岛"牌啤酒一举夺得了金牌。这是中国啤酒史上在中国生产的啤酒获得的第一个国际奖项。

1914 年，日本人占领青岛后，将德国人的啤酒厂购买下来，更名为"大

早期储酒桶（设备）

日本麦酒株式会社青岛工场"。抗日战争胜利后,日本人经营的啤酒公司被查封,更名为"青岛啤酒公司",继续按原工艺生产啤酒。

1946年12月,"青岛啤酒公司"移交行政院山东青岛区敌伪产业处理局,定名为"青岛啤酒厂"。青岛啤酒也从此开始了由中国人酿造的历史。

青岛啤酒从市北区登州路56号启程,历经100多年的艰难历程,创下了辉煌的业绩,为国家赢得了荣耀。青岛啤酒是一个挂满勋章的产品。青岛啤酒厂多次受到国家级奖励,几乎囊括了1949年新中国建立以来所举办的啤酒质量评比的所有金奖,并在世界各地举办的国际评比大赛中多次荣获金奖。跨越了整整一个世纪。到今天已经是名满天下的啤酒品牌。

为了打造青岛市的啤酒文化,1991年,青岛市设立国际啤酒节,在此基础上,2005年底开始在百年青岛啤酒的发源地——登州路打造青岛啤酒街。通过建设特色啤酒吧、啤酒博物馆,设立休闲文化广场等形式,展示啤酒文化的独特魅力,成为"永不落幕的啤酒节"。

第五节　国货公司与青岛老字号

青岛近现代史上的国货运动,一直与反帝爱国运动紧密相连。五四运动、五卅惨案等都与青岛有直接关系。在这些运动中,青岛各界爱国群众斗争坚决,自觉不用洋货,支持国货。工商业者也顺应大势,积极参加经销国货运动,有力地打击了日本等帝国主义的经济掠夺,较好地延续了民族工商业的命脉,保存了一些来之不易的老字号。

一、国货公司旧址与国货运动

青岛国货股份有限公司遗址位于中山路与胶州路两条主要道路交叉口的东南角,原中山路149号。此建筑建于1933年7月,采用钢筋混凝土结构

国货公司旧址

体系，据资料记载由青岛联益建业华行的中国建筑师许守忠设计。[1]

　　这座建筑反映了 20 世纪 30 年代轰轰烈烈的国货运动与青岛国货公司组建的情况。30 年代初期，青岛人民为了反抗日本商人的垄断和压榨而发起了抵制日货，倡导民众用国货，促进民族经济发展的运动，即国货运动。青岛各界成立国货运动委员会，公开亮出了拒绝洋货的旗帜，设立国货陈列馆，开设了国货商场，专营国产商品。1933 年，在国货商场的基础上，组建青岛国货股份有限公司。1936 年，青岛国货公司与上海联营所合作，组

――――――――――

① 宋连威:《青岛城市老建筑》，青岛出版社 2005 年版，第 134 页。

建了青岛中国国货股份有限公司，推举青岛市市长沈鸿烈为董事长。1937年，该公司由河南路迁到青岛最繁华的中山路，在中山路和胶州路的拐角处。

这座建筑平面设计略呈"L"形，地上三层，地下一层，入口分别在西、北侧设两处，由于自然地形东高西低，建筑将高差处理在内部大厅，即营业厅中亦是东高西低以台阶分成有层次的空间，大厅中部北侧为三跑式单向楼梯，回转折到二层以上的营业厅。因过分受地形和用地范围的限制，所以从营业厅到作为竖向交通手段的楼梯间都显得局促且曲折，使用极为不便。而且可能因受资金限制，建筑形式亦较为简单。建筑一层除入口处，其余墙面设计为橱窗形式，临中山路需经上踏步进入营业厅，而临胶州路则采取下踏步处理。建筑的立面设计重点放在面向道路交叉口的转角处，采用竖向线条划分，开纵向小窗形式，其余部分墙面设计则较为简单。该建筑呈 20 世纪 30 年代的现代风风格，局部增加的装饰线条又使人感到受结构主义流派的一定影响。

1938 年初青岛沦陷，国货公司解散，营业大楼先被日本海军机关占用，继由日商白石洋行接收，开设银丁百货商店。1945 年抗战胜利后，国货公司重新组织，改为青岛国货股份有限公司。如今，国货公司被丽达集团收购，更名为"丽达奥特莱斯国货店"。

二、青岛商业老字号回顾

德国统治青岛时期，把城市划分为不同的区域。最初的德华分界线，是沿德县路和保定路切下，北迄沧口路，西到济南路，东至济宁路。后来这里以中山路为核心，逐渐形成了华人商圈，瑞蚨祥、谦祥益、宏仁堂、顺兴楼、春和楼、聚福楼和其后的亨得利、长春堂、盛锡福，一块块金字招牌，打造出了一个青岛华商的黄金时代。

1.春和楼

春和楼位于市南区中山路 146 号，南近青岛湾。春和楼始建于清光绪

春和楼

十七年（1891 年），恰是青岛建置之年。现址启幕于光绪二十二年（1896 年），为春和楼第二代掌门人朱子兴所创。早期建筑古香古色，与中国传统城市里的餐馆无异。到了 20 世纪 20 年代完型时期，建筑形式明显带有了中西合璧色彩，其青砖青瓦的形象显示传统建筑风貌，而山墙造型则是欧式，其上出现了文艺复兴建筑中常见的三角山花和花蕊式柱头。今所见春和楼基本保持了原有格局，但山墙造型简化，细部装饰多有变化。为砖木结构两层楼，沿街呈折角形展开，主入口设于东南转角，上起三角山墙，顶端镌"1891"年代徽标。

　　从诞生开始，春和楼即成为一个地标。1897 年德占胶澳后，所在街巷名山东街（今中山路北段），自此始，它就不期而遇地进入了两种文化相遇的历史洪流中，呈现了文明碰撞、华洋杂处的图景。20 世纪二三十年代，它与顺兴楼、聚福楼并称岛上鲁菜"三大楼"，许多重要历史人物曾来就餐，包括恭亲王溥伟、维新变法领袖康有为、京师大学堂总监劳乃宣以及作家萧军、萧红等人。新中国成立后，其"岛上第一楼"的形象更加深入人心，绵延至今，被评定为中华老字号，多种菜品收入《中国名菜谱》。春和楼已成为一个象征，以其深厚的本土渊源而集结着岁月之谜，醇厚的魅力与日俱增。它与城市一起走过120多年的风雨历程，在见证传统餐饮业及城市历史变迁的维度上有着重要价值。

2. 谦祥益

清末民初，山东章丘旧军镇孟氏是中国北方商业的最大资本家族，他们的商店大多带一个"祥"字，称"祥字号"，遍布北方各大中城市。有一部电视剧《中国商人》就是讲述孟氏家族故事的。

民国初年的《山东各县乡土调查》中记载："章丘风俗素有经营商业之特长，所有济南商号，为该县经营者十居七八，资本最雄厚的是章丘旧军镇孟氏家族。孟氏的发家史可上溯到三百年前清康熙年间。到19世纪末，孟氏开设的祥字号商店包括绸布店、茶叶店、锅店、金店、钱庄、当铺等等，遍及济南：周村、青岛、北京，天津……"

谦祥益旧照

当时，祥字号分布在北京、天津、青岛、烟台、济南、周村6个地方，青岛共有5家：瑞蚨祥、泉祥茶庄、谦益当、裕长酱园和谦祥益。北京有"八大祥"，青岛有"三祥"，其中泉祥茶庄公私合营时已合并，瑞蚨祥在拓宽胶州路时拆去一半，唯有谦祥益老楼尚在。

谦祥益绸布店旧址，位于今北京路9号，占地面积4394.02平方米，建筑面积1172.61平方米，砖混结构，地上二层，地下一层。建筑中西合璧，中轴对称。两侧的方形石柱，具有典型的欧洲建筑的影子。但在店内外有牌匾、楹联，显示中国商店的风格。

祥字号的员工为清一色的章丘人，大部分从小就在店中学徒。据一位1929年从黄县来到青岛谋生的老人的回忆，谦祥益的员工，从进店当学徒开始，待遇逐年递增。平常，店里经营所剩的不足6尺及一丈的绸布，都留作年底分红。同时，员工每年还可享受探亲假40天，来往路费全额报销。谦祥益的员工一律着装整齐，夏天不准穿短裤，春秋冬三季着长袍，头戴瓜皮红顶帽。

史料显示，谦祥益大致的开业时间是1911年，当时是青岛最大的绸缎布匹店兼营百货。主要经营棉布、绸缎、呢绒、皮货等4大类商品，其中以棉布数量居多。谦祥益推行开架售货，对待主顾好茶好烟侍候，不敢慢待。售货员对商品的产地、质量、特点及用料尺寸都很熟知，服务无微不至。自始至终，谦祥益的每匹布料上都捆有布条，标明货品名称与价格。谦祥益对寻常百姓以"信"为本，讲究"言不二价""货真价实""童叟无欺"，货价比同行略低，并保证没有残次假货，因而有很好的"老字号"信誉。

抗日战争期间，谦祥益的经理时品三，曾兼任过青岛市绸布业同业公会理事长及青岛市商会会长。他曾经将一批布匹送往崂山抗日游击队，被日本人知道后抓进了日本宪兵队，关押施刑，谦祥益出了巨资把他"赎"了出来，又被强征一批布匹，从此元气大伤。

抗战胜利后，大批美货无税涌入青岛，绸布业经营困难。

解放后，公私合营中保留了这个"老字号"，"文革"中一度改为"东风绸布店"，后恢复原店名，经营中不限绸布、呢绒，而以时装为主。

这座百年历史的老楼至今还在北京路上。象征着青岛华商百年的光荣与梦想的谦祥益老店，见证了中国民族商业在曾经的殖民城市中顽强生存与发展的艰难历程和兴衰荣辱，它是中华民族在这座城市中开拓进取的珍贵印记。

3. 瑞蚨祥

青岛的瑞蚨祥，由山东章丘县旧军镇孟氏家族开设，是全国联号的专门出售绸缎、皮货的民间资本布店，始建于1904年。最初的瑞蚨祥建筑占地2800平方米，东至济宁路、西至芝罘路、南起胶州路、北达即墨路，共600余间。较之中山路南面欧洲风格的洋式建筑，瑞蚨祥修筑的是一片本土特色浓郁的中式砖木结构多层建筑群体，清水墙面的房屋大部分为两层。最有特点的是，瑞蚨祥建筑全部房屋为青红双色砖砌成，其山墙为大圆弧形，借用江南明代民居山墙的线型，显得亲切自然。相关的资料记载，青岛的瑞蚨祥门前曾筑有围墙，进大门为一四方庭院，西厢设有广济堂药房，正厅售绸缎

瑞蚨祥老明信片

布匹及皮货等。

瑞蚨祥青岛分号开设的时候,瑞蚨祥已成规模。这间布店先从大捻布创业,由自产自销,发展到定制定染,至 20 世纪初,已成专营丝绸、呢绒、皮毛和一般平民所用的蓝布、白布、花布的多品种布匹专营店。这时候,瑞蚨祥的每匹丝绸的机头处,都织有"瑞蚨祥"的字样。

瑞蚨祥兴盛时,全国有 25 个企业,分布于济南、北京、天津、烟台、周村、青岛 6 个城市,这些企业在财务上自负盈亏,统一核算,设有总号统领各地分号的经营,调剂盈亏。

4. 盛锡福

老青岛有个顺口溜:"头戴盛锡福,脚踏新盛泰,手戴亨得利,吃饭劈柴院,有病宏仁堂,听戏上华乐。"这里说到 6 处青岛"老字号"。①

盛锡福是掖县人刘锡三所创建。他早年来"闯青岛",初当伙计,后进入一家洋行当业务员,到农村收购麦秸草的草帽辫运往国外。价格低廉的麦秸在国外加工成草帽,再运回中国却价格很高。刘锡三心想,中国人为什么

盛锡福旧照

---

① 鲁海:《老楼故事》,青岛出版社 2003 年版,第 252 页。

不自己加工生产呢？1912年他去天津开了一家帽店，自己收购麦秸，挑选、加工，生产帽子，叫"盛锡福"。1919年又进口了机器，产销两旺，有了名声。刘锡三又去北京、上海开了分店，均获利甚丰，于是重返青岛，在中山路上开了盛锡福。

盛锡福初期生产草帽，后发展到各种帽子，他们的帽子做到四平：帽顶平、帽身平，帽檐平、帽箍平。样式新颖，质地考究，又从男帽发展到女帽、童帽，在旧中国是第一品牌，曾获奖15次。"总统"曹锟曾为之题词"国货之光"，青岛市长秦德纯曾为之题词"冠冕群伦"。

解放后，党和国家领导人毛泽东、刘少奇、周恩来等出国访问戴的帽子都是盛锡福的产品。有一个时期，帽子只有一种"军便帽"，盛锡福因而十分萧条，改革开放以后，盛锡福再显光彩。

5. 亨得利

浙江人王光祖原是一名裁缝，难以维持生计，去上海谋生，在一家钟表店为瑞士手表做活动广告，身穿一件军衣，身前、背后都以文字和图案绘着"大罗马"，每天不停地在街上走，由此也知道了一些钟表的知识。

1914年他联合几个友人在镇江开了一家经销和修理钟表的商店叫"亨得利"。几年下来，颇有盈利，1919年回到上海开店，不料惹起了一场官司。有个法国人叫霍普，开了一家霍普兄弟公司，又开了一家钟表店叫"亨达利"，"达"与"得"音近，在上海话中根本分不清。于是霍普将王光祖告上法庭，告王光祖侵权。这在上海引起轰动。

这场官司经过几次庭审，双方律师唇枪舌剑进行辩护，结果，法国人霍普败诉，"亨得利"仍可用作店名。新一轮竞争开始了，亨得利与亨达利争相在外地开设分店，也都来青岛，且均在中山路上。

解放以后，实行公私合营，两家并作一家，但叫法不一，有的城市叫亨得利，有的城市叫亨达利，也有的城市两个店名并存。

青岛在1956年将亨得利、亨达利、长城、金龙、金星、三山诚6家钟表、眼镜店合并，叫亨得利钟表眼镜店。其中"三山诚"原在即墨路，以崂

亨得利旧照

山特产水晶生产"水晶眼镜"而闻名全国。

6. 宏仁堂

继京剧《风雨同仁堂》之后,40集电视连续剧《大宅门》在全国创下很高收视率,使这家中药老店名声再次叫响。从电视剧中可以看到,大宅门乐家中堂悬着的祖先画像是农民打扮。原来,明代京城有一位走方草泽郎中,姓乐,沿街摇着串铃走街过巷为人看病,兼卖中草药。到了清代,他的后人乐尊育是名医,进宫当了太医。

清康熙八年(1609年),乐尊育的儿子乐梧岗在北京闹市的前门外大栅栏开了一家中药店,称"乐家老铺同仁堂"。他们为宫中供药,声名鹊起。当时有诗:

宏仁堂

都门药铺属同仁，丸散人人道逼真；

纵有岐黄难别昧，知他若干术通神。①

　　清朝末年，乐氏四大支，即乐孟繁、乐仲繁、乐叔繁、乐季繁兄弟四人，商定分家，除财产公分以外，对这家店铺，决定四支都叫"乐家老铺"，下再设店名，老大孟繁店名宏仁堂，老二仲繁店名颐龄堂，老三叔繁店名宏济堂，老四季繁店名达仁堂。同仁堂作为总店。

　　宏济堂在济南设分店，宏仁堂在青岛中山路开了"乐家老铺宏仁堂"，堂中悬着涂金的匾额。开设在青岛的宏仁堂在公私合营后保留老字号。今日门头仍古色古香，显示其老店风采。

---

① 　鲁海：《老楼故事》，青岛出版社 2003 年版，第 256 页。

7. 劈柴院

劈柴院位于市南区江宁路，中山路北段。初辟于 1902 年，为青岛市井商贸与民俗的一大集汇地，占地面积 13907 平方米，分布着各种各样的商铺近百家。这一带地处大鲍岛，青岛建置之前即已形成民生群落。德占胶澳后的 1902 年，在此修建江宁路，随后这里逐渐聚集起各种民间商铺。到了 20世纪 20 年代，已然成为岛上民间商贸、餐饮和各种娱乐业态最为集中的场所，呈现出五方杂处、南北交会、华洋混合之状，各种小型茶馆、酒肆、饭铺、货栈、书坊及土产摊等竞相罗列，伴之以戏曲、相声、评书、琴书、大鼓乃至电影等娱乐形式，纷纭杂陈之间，展开了一面市井生活之镜，照出世情百态，浓缩了百年的风俗烙印，对于近代以来城市的原生态民生习俗与商贸文化具有独特的融合力和见证力。

街巷迂曲蜿蜒，大致呈"人"字形格局，建筑则是极具地域特色的双层

劈柴院街景

里院，多为江浙商人出资兴建，因而也染上一抹江南民居色彩。百年而今，虽历尽沧桑，但其基本风貌保存了下来，成为独一无二的市井风情与民间商贸标本。老青岛人对劈柴院感情深厚，视之为溯源怀旧之地。今经过修复，更新改造后的劈柴院已重现生机。

第四章　民族交融的历史脉络

一部青岛建置、发展和振兴的历史，也是一部各民族交往交流交融的历史。回顾青岛少数民族发展奋斗的足迹，有助于重温各民族共同团结奋斗、共同繁荣发展的历史，进一步铸牢中华民族共同体意识。

本章主要通过回溯青岛早期部分少数民族的居住和生活情况，记录他们的经历和情感，展示其活动场所和代表人物，再现少数民族群众融入青岛，各民族共同团结奋斗的历史脉络。

第一节　青岛少数民族叙略

青岛建置以来，凭借优越的自然环境和特殊的历史机遇逐渐发展繁荣起来，吸引了少数民族群众到这里谋生，并在此定居。从旧中国在社会底层艰难生存，到新社会实现了政治上的平等，少数民族群众的生活水平和社会地位得到极大提高。作为中华民族大家庭的一员，各族同胞在各自的岗位上为建设青岛作出了重要贡献。

一、青岛少数民族概况

青岛市属于少数民族散居城市。据《青岛市志·民族宗教志》记载，1891年青岛建置后，随着青岛工商业的发展，各地少数民族群众陆续来到青岛谋生。新中国成立前，青岛市的少数民族同胞大多数没有固定职业，只能从事一些低下的工作，有的少数民族群众为了生存，甚至连自己的姓名都不能使用。新中国成立后，少数民族群众在政治上翻了身，生活有了保障。1964 年人口普查时，青岛市有少数民族 14 个，人口达 5944 人。新中国成立后，在各级人民代表大会和政治协商会议中均有少数民族同胞担任人大代表和政协委员。各民族逐步走上了共同团结奋斗、共同繁荣发展的道路。

新时代，我国进入各民族跨区域大流动的活跃期，来青务工、经商、求学的少数民族群众日益增多，各民族交往交流交融更加广泛深入。截至 2020 年 11 月 1 日，全市有少数民族 55 个，少数民族人口 117769 人。其中，人口较多的 10 个少数民族分别为朝鲜族、满族、回族、蒙古族、苗族、彝族、土家族、壮族、布依族、维吾尔族；其他 45 个少数民族人口 12820 人。

二、青岛的满族

我国东北的黑龙江、长白山一带，是满族祖居的故乡。1616 年，努尔哈赤·爱新觉罗（清太祖）统一女真各族建后金。1635 年，皇太极继位，建立具有军事、政治、生产三位一体的八旗制度。八旗制度一直延续了 300 多年，"旗"也就成了满族的代名词，民间俗称满族为"旗人"或"在旗"，满军聚居的地方为"满营"、"满城"（旗城）。

1644 年，清政权在北京建立后，逐年派八旗军到全国各战略要地驻守。雍正八年（1730 年）定沿海重镇——山东青州为军事设防地，建"旗城"（即今青州北城）。青岛早期的满族即多数来自青州北城。

20 世纪 20 年代初期，日本在青岛开办工业，发现青州北城的满族女子均为天足，男子身强力壮，遂多次前往招工。早期到青岛的满族主要为糊口谋生，陆续来青做"养成工"，其中多数为童工，年龄最小的只有 11 岁。以纺织厂、烟草公司、四方机厂人数为多。

先期来青的满族有了落脚之地后，来青投奔者日渐增多。国民党的青岛消防队，在 70 多名警员中，有 50 人是来自青州旗城的满族，其队长、副队长均为满族，故流传有消防队是满族消防队的说法。纺织工人集中的沧口，由于满族人口多，故有"小北城"之称。

解放以后，青岛满族人口的增长除正常繁衍之外，主要是大专院校毕业分配、军队复员转业和家属随军，及工作单位搬迁集体调入等。如驻胶州市的铁道部三局五处、七公司二处、华东设计院等，均为新设单位，共有满族74 人。其中，改革开放后随工作调动而迁入的有 64 人，占上列 3 单位满族的 86%以上。

解放前，由于历史原因和社会偏见，满族为求得生存，隐姓、换名、改民族成分者大有人在。新中国成立后，党和政府实施了团结、平等的民族政策，满族人民真正成了新中国的主人，其中的优秀人士走上了政治舞台。如：山东海洋学院原副院长赫崇本曾当选为第三届全国人民代表大会代表，还被选为第五届山东人民代表大会常务委员会委员。青岛医学院教授、附属医院原主任医师何森连续三届被选为山东省人民代表大会代表。还有的被选为省政协委员和市政协常委。

在中国共产党领导下，获得翻身解放的青岛满族人民的政治、经济、文化各方面生活均发生了翻天覆地的变化。特别是在改革开放的浪潮中，涌现出一大批先进模范人物。1998 年，在全国编撰《全国满族名人辞典》时，根据要求，青岛符合提名推荐条件的有近 20 人。除上列人大代表和政协委员之外，主要还有青岛解放前夕接受中国共产党的指示，带领消防战士巡逻主要街道，保护重点设施，维护社会治安，为青岛完整无损地回到人民手中作出贡献，被记入中共青岛党史大事记的原青岛消防大队队长马元敬；有先后获得全国"三八"红旗手的钮洪菊；有工作取得优异成绩，参加全国少数民族国庆参观团，受到党和国家领导人接见的关乐彩和关曼玲；有设计、施工年产 50T 中性染料车间，填补国内空白的原青岛化工设计院院长、高级工程师巴世勤；有创造"白银炼铜法"，获国家发明二等奖的赵一平等。另外，大革命时期关向应同志曾在青岛从事地下工作，担任团青岛地委书记。被授予"人民艺术家"称号的老舍与美术家胡絜青夫妇、作家舒群等人均曾在青岛客居和进行创作。

三、青岛的回族

1904年6月胶济铁路建成通车后，鲁西南、鲁西北及京、津等地回族陆续到青岛谋生。何连会、何连登兄弟于1928年来到青岛，以经营土产杂品为生，成为最早到青岛的回族。1929年，马福祥（回族）担任青岛市长，其随员多为回民。1937年，刘尊五（济宁人，回族）到青岛经营胶州盐业，随其来青岛的盐警中有部分回族。同年，有二三十名北京籍回族在青岛开设摊点经营古玩、首饰及工艺品。此外还有部分回族在青岛铁路、纺织、卷烟及学校、医院等行业谋生。新中国成立后，青岛回族大量增加，主要是复员、转业军人及其家属、大专院校毕业生分配等。截至第7次人口普查，青岛回族人口10711人。回族人民勤劳勇敢、讲团结、善经营、富有创业精神，为本地区的经济社会发展作出了贡献。

青岛地区回族人民在历史上有着革命斗争的光荣传统，不少先进分子，先后参加了各个时期的革命斗争。如：革命先烈郭隆真1931年在青岛领导过纱厂工人运动，不幸被国民党反动派逮捕，壮烈牺牲。布光（原名雷寿轩、雷竞）1943年3月加入中国共产党，参加抗日战争和解放战争，新中国成立后任青岛重工局托儿所所长。

新中国成立后，在党的民族政策的感召下，青岛回族人民积极参加了各项政治运动。在抗美援朝运动中成立了抗美援朝回民支会，并组织了游行，发起捐献运动，支援中国人民志愿军抗美援朝。当时，青岛医学院附属医院回族医师张传钧响应号召，报名参加了抗美援朝医疗队。山东大学马光祖、胡振华等人组织回民青年联合会，俊真小学贾维琴、赵玉英等人组织了回民妇女联合会，积极参加了市青联、市妇联组织的社会活动。

新中国成立后，一部分回族优秀人士被推举为省、市、区人大代表和政协委员，也有不少人参加了中国共产党和共青团。他们在社会主义建设中作出了突出贡献，有的被评为先进生产者和先进工作者、民族团结模范等。

在青岛的少数民族有各具特色的衣食住行和节庆习俗及活动场所。因为资料所限，下面主要介绍青岛回族早期的商业活动场所。

1925年回族饭馆开始在青岛出现。首创两家是石小坡经营的河南路真一斋饭馆和王万芳兄弟在天津路开设的双盛馆早点铺，两家经营了近20年。继之而起的是1936年北京人铁子珍开设的馅饼粥饭店。这家饭店经营的饭菜品种颇受欢迎，曾经名噪一时，该店一直保留至今。1984年，为解决清真饮食网点问题，市饮食服务公司在中山路开设了清真海味餐馆。

新中国成立前，青岛是没有清真食品店的，要吃清真糕点只有托人从北京、上海、济南往青岛捎带，极不方便。北京陈德忠原在青岛经营古玩店，有鉴于这种情况，便转行开设了志成食品店（中山路173号），专门生产京式糕点，前店后厂，自产自销。公私合营后，成立市南糕点厂，设立了清真糕点车间，随后分出独立，改称清真糕点厂。为了方便群众，商业部门又在市内各区增设了几家清真食品店，为了解决清真牛羊肉供应问题，在市场三路设立了清真牛肉店。

创建于1926年的馅饼粥饭店，至今已有90多年历史。店里主要经营北京风味的清真饭菜，得到穆斯林群众和清真菜爱好者的青睐。由于店内众多小吃中馅饼和粥饭风味独特，生意逐渐兴隆，以"馅饼粥"而闻名。

在馅饼粥饭店，馅饼皮薄馅大、汁浓味鲜，米粥香糯滑润、美味可口，选用豇豆、大黄米、小米、江米、麦片等精细杂粮为主要原料烧制而成。除此之外，该店的传统名吃如八宝鸡、扒牛肉条、羊肉小馅饼等都别具风味，传统的涮羊肉也堪称岛上一绝。

馅饼粥店址临近平度路的永安大戏院，这里风味独特的美食更是吸引了一众京剧大师纷至沓来。当年的经理铁子珍是个京剧票友，人称铁二爷，与京剧"四大须生"之一的马连良是好友。那时候，来演戏的"四大名旦"梅

馈饼粥店

兰芳、尚小云、程砚秋、荀慧生，"四大须生"马连良、谭富英、杨宝森、奚啸伯，还有著名丑角萧长华、著名花脸裘盛戎、著名老旦李多奎等京剧大师，都曾光顾馈饼粥饭店。尤其是回族的马连良来青演戏，几乎顿顿都在馈饼粥饭店就餐。

1950年初，中国文联终身成就戏剧家、著名京剧花脸表演艺术家尚长荣10岁时，由其父尚小云携带，在青岛拜著名花脸陈富瑞为师，拜师仪式正是设在馈饼粥饭店，当时在青岛的名伶吴喜秋等都参加了仪式。

新中国成立前，回族在青岛经营的商业，除了饮食行业外，古玩业也比较发达。怡和商行（后改为雨辰商行）、义和号古玩店（又称北京商行）和志成古玩店，在当时青岛古玩业中是三个大户。这三家共有二三十名职工，经营范围较大。抗战胜利后，青岛古玩业曾经盛极一时，从北京来这里经营古玩业的不下二三十户，绝大多数是回族。此外，益都马寿卿兄弟在海泊路开设永华鞋料商行，经营各种鞋料，均由上海进货，具有一定的经营特色。

四、其他人口较多的青岛少数民族概述

目前，青岛人口较多的少数民族有 10 个，下面主要介绍早期迁居青岛的蒙古族、壮族、朝鲜族、苗族概况。

1. 蒙古族

蒙古族迁居青岛始于 1904 年，蒙古族少年脱希奎来青岛学徒当厨工开始。1929 年前后在青岛谋生的蒙古族共 12 人。他们来到青岛后，多数当工人，个别当了职员。后来他们又将其家眷先后迁来青岛，其人数增加到 35 人。此外，1930 年青岛市警察局曾派人两次去北京招收警察 200 余人，其中不少是蒙古族男性青年。新中国成立后，随着人员调动，军队复员、转业和大专院校毕业生分配及人口的自然增长，1990 年青岛市蒙古族人口达 284 人。截至第 7 次人口普查，青岛蒙古族人口 10447 人。

2. 壮族

壮族徙居青岛的时间较晚，解放前人数很少。解放后，青岛的壮族人口迅速增加，最初几年主要是复员、转业军人及其家属，其次是因工作调到青岛安家的工人、干部及其家属，再次是大专院校毕业分配来青岛的学生，全市不过百人。到 20 世纪 70 年代末 80 年代初，广西、云南等地的壮族青年妇女大量来到即墨、莱西、平度、胶南等地。1990 年青岛壮族的人口增到 769 人。截至第 7 次人口普查，青岛壮族人口 2623 人。

3. 朝鲜族

新中国成立初期由部队转业来青岛的李硕浩、朴正太等 15 人，是历史上最早徙居青岛的朝鲜族人。几十年来，各大专院校分配来青岛的朝鲜族学生不少，他们大部分在科技、教育、卫生、外贸等系统工作。中共十一届三中全会后，随着人才流动，又有朝鲜族群众调入青岛。同时，随着朝鲜族知识分子夫妻长期分居的情况以及随军家属问题的解决，先后有 43 名朝

鲜族群众调来青岛。到 1990 年，全市（包括青岛出生的）朝鲜族共有 487 人。近年来，朝鲜族人口增加迅速，截至第 7 次人口普查，青岛朝鲜族人口 38985 人，成为全市人数最多的少数民族。

4. 苗族

苗族迁居青岛始于新中国成立后，初时人口很少，至 1964 年只有 4 人。1982 年全市也不足 20 人。主要由部队转业和工作调动迁居青岛，多居于市区。80 年代，云南等地的苗族青年妇女大量迁入莱西、崂山等县（市）、区务农。到 1990 年，青岛市有苗族 238 人。其中，莱西县达 100 人。截至第 7 次人口普查，青岛有苗族人口 6331 人。

第二节　青岛少数民族的杰出代表

自青岛开埠以来，生活在这块土地上的各族人民，共同经历了国家贫弱、民不聊生的旧社会，共同迎来了民族独立、人民解放的新社会。他们心手相连，共同谱写了各民族团结奋斗的辉煌篇章，涌现出了一批少数民族革命家、作家、科学家及其他有影响的代表人物。

邓恩铭

1. 邓恩铭

邓恩铭（1901—1931 年），又名恩明，字仲尧，贵州荔波人，水族，山东共产党早期组织的发起者和领导人之一，中共一大代表。

中共一大以后，根据中央的指示和工作重点，各地党组织深入工厂发动工人运动，邓恩铭受济南党组织委派到青岛开展工人运动，同时为建党建团做准备工作。

邓恩铭来青后，建立了青岛第一个党组织——中共青岛组，任书记。他非常注重在工人、学生中传播马克思主义，开展宣传教育工作。1923 年 10 月，被聘为四方机厂圣诞会秘书。11 月，成立了青岛团组织，邓恩铭任支部书记。邓恩铭等人在青岛的工作如同点燃了星星之火，如火如荼的革命运动蓬勃兴起，很快在青岛形成燎原之势。1928 年 12 月，邓恩铭不幸在济南被捕，英勇就义。

2. 郭隆真

郭隆真（1894—1931 年），原名郭淑善，曾用名嵌睿、隆贞、龙真、林一等，回族，出生在河北省大名县金滩镇一个绅士家里。

1928 年底，山东党组织在原省委组织部长王复元投敌叛变后，连遭严重破坏。1930 年 8 月郭隆真来山东后，任省委委员。她首先到青岛工作，任青岛市委常委、宣传部长，主要是领导工人运动。开始，她在沧口纱厂做女工工作，后来又到敌人控制得较严的大英烟草公司开展活动。郭隆真和陈少敏、董汝勤等同志深入

郭隆真

到一些女工家中，倾听她们的呼声，并用上海工人罢工斗争的大量事实，启发教育女工们，很快就在纱厂、烟厂发展了一批共产党员。郭隆真深入到工人当中，宣传革命道理，培养骨干力量，组织大家向英国资本家进行斗争。

她和工会人员一起在工人中间活动，揭露日本人害死中国工人的真相，动员工人们团结一致，同厂方进行斗争，保证工人的生命安全。同时，还散发揭露厂方压迫、虐待工人的小报。

1930 年在一次跟工人家属谈话时，郭隆真被敌人跟踪监视，不幸于 11

月 2 日在四方嘉禾路被捕。敌人认定她是一个宣传共产主义、鼓动工潮的"共党重要分子"。1931 年，又把她押解到济南第一监狱。

在狱中，她坚强地应对敌人的残酷折磨、摧残，向许多难友伸出了友爱之手，体贴入微地照料有病的同志。还深入浅出地给大家讲述政治、哲学知识，讲述一些古今中外农民起义的故事，鼓舞难友们的斗志。

敌人使用了各种残酷刑罚，让她说出在青岛的任务，要她写悔过书，但她始终咬紧牙关，忍痛抗拒。1931 年 4 月 5 日拂晓，郭隆真等 22 名共产党人被押赴刑场。到达刑场后，一个全副武装的行刑队长走到她面前说："现在只要你说出共产党的秘密，便可获得自由！"郭隆真果断而坚定地回答："宁可牺牲，决不屈节！"[1] 最后英勇牺牲，表现了共产党人大无畏的革命精神，是杰出的妇女楷模。与郭隆真同志同时遇难的有山东省委书记、中共一大代表邓恩铭，后任山东省委书记兼宣传部长、毛岸英岳父刘谦初，团山东省委书记、革命作家、太阳社成员刘一梦等，史称"四五烈士"。

3. 老舍与夫人胡絜青

老舍（1899—1966 年），满族，我国现代著名作家。1934 年应山东大学校长杨振声的邀请，到青岛任山东大学教授，从此与青岛结缘。他在这里写作、练武、交友、享受生活；也在这里观察、思考，关心国家命运，忧虑民生艰难。他以手中之笔针砭时弊，挥洒思想，呼吁爱国御敌，倡导民主自由；他塑造了一个个栩栩如生的人物形象，留下了一部部不朽的文学名篇，他是满族人民的骄傲，也是青岛人民永远怀念的文学巨匠。

老舍夫人胡絜青女士（1905—2001 年），满族，是我国现代著名的女画家。出自齐白石门下，有很高的艺术造诣，她在青岛曾任教于市立女中。1958 年受聘于北京中国画院，为一级美术师（关于老舍的详细内容参见第二章名人故居部分）。

---

① 青岛市革命烈士纪念馆：《杰出的妇女楷模郭隆真》《四方文史资料第二辑》，（内部资料），第 71 页。

老舍与夫人胡絜青

4. 舒群

舒群（1913—1989 年），1913 年生人，原名李书堂，笔名黑人，黑龙江省哈尔滨人，满族，中国现代作家。1932 年参加革命，在第三国际工作，同年加入中国共产党并开始发表文学作品，结识了萧军、萧红。

1933 年，他只身逃离日本人统治下的东北，来到青岛。经同学介绍认识了倪鲁平一家。当时，倪鲁平在青岛市政府任社会局科员，思想进步、追求光明，他的弟弟倪鲁杰是市立中学学生，妹妹倪青华是市立女中学生。后来舒群与倪青华结婚，住在观象一路 1 号楼下。

舒群与倪鲁平在青岛积极寻找中共党组织，于 1934 年初与中共青岛市委接上联系。同年 5 月，舒群与倪氏三兄妹被吸收为青岛"左翼作家组织"（即"左联"）成员。不久，舒群原在哈尔滨商船学校的同学高嵩受中共中央

舒群及作品图

派遣来青岛任中共青岛市委书记，重建被国民党当局破坏的青岛党组织。经高嵩介绍，恢复了舒群党的关系，并发展了倪鲁平等进步分子入党。同年，萧军与萧红历尽千难万险，逃出日本帝国主义侵占下的东北，到青岛投奔其好友舒群，与舒群一家共同居住在观象一路 1 号的小楼中底层的两间小房间内。后来，萧军、萧红搬到楼上，两家比邻而居。

1934 年 9 月，新一届中共青岛市委成立，高嵩任市委书记，冯勇志任秘书，王金玉为组织委员，倪鲁平任宣传委员兼反帝大同盟书记。但不久王金玉投敌叛变告密，中共青岛党组织再次遭到破坏，市委书记高嵩被捕，倪鲁平和舒群夫妇等也一起被捕。由于国民党当局并不了解舒群的真实身份，仅将舒群作为嫌疑人关押在监狱中，恰与高嵩同押一室。由于高嵩的公开职业是警察局督察，而王金玉不知舒群真实身份，他二人关押的条件比较好。在高嵩鼓励下，舒群在青岛狱中创作了揭露日本侵略罪行的中篇小说《没有祖国的孩子》。

舒群被捕后始终不承认自己是共产党员，敌人也查不到证据，1935 年春被释放。舒群出狱后随即离开青岛，去了上海，把《没有祖国的孩子》文稿托人转交给了鲁迅先生，发表在《文学》月刊上，当时正处在抗日情绪高涨时期，作品发表引起巨大反响。舒群从此迈入文坛，成为中国左翼作家联盟的重要成员之一。

1937年抗日战争爆发后，舒群参加八路军任随军记者，后任延安鲁迅艺术学院文学系主任。日本战败投降后，舒群随大军出关进入东北工作。新中国成立后，任中国文学艺术联合会副秘书长、中国作家协会理事兼秘书长等职务。其主要文学作品除《没有祖国的孩子》外，另有《老兵》《秘密的故事》《这一代人》等。

1979年萧军忆及1934年与舒群同居于青岛的往事时写了《赠舒群》：

患难交情五十年，濒经生死又开颜。

松花江畔飘蓬日，观象山麓秋暮天。[1]

1998年，观象一路1号被山东省政府列为山东省优秀建筑，青岛市政府将其列为文化名人故居和重点文物保护单位，门前立有标志铭牌。舒群故居（见第二章萧军、萧红故居图）

5. 白季眉

白季眉（1895—1966年），原名白祚恒，满族，河北卢龙人，无党派人士。我国著名水利工程及测量学专家。中国测绘学会理事，山东测绘学会副理事长，第三届全国人大代表。

白季眉出生于河北省卢龙新城老粮市一个小手工业家庭，1917年就读于南京河海工程专门学校，1922年毕业后一直从事教学研究工作。新中国成立后，根据国家高校院系调整政策，服从组织调配，在多所高校任教。先后任东北工学院、长春地质学院、山东大学、山东地质学院、山东海洋学院等高校教授。

白季眉热爱教育事业，在为国家培养测量学专业人才和地质事业发展方

---

① 鲁海：《名人故居》，青岛出版社2004年版，第36页。

白季眉

面作出了贡献。他对教学工作认真负责，教学经验丰富，曾经负责《平面测量》《应用天文学》等多门课程的教学工作。1962年，山东地质学院撤销后，部分教师和设备并入山东海洋学院海洋地质地貌系，白季眉任海洋地貌教研室主任。教研室下设地貌和水文两个教学组，他以教研室为家，把全部精力与时间都用于学院工作上。

白季眉一生致力于水利工程及测量学方面研究。在学术理论研究方面，有较丰富的实际经验和较深的造诣，在国内有一定的影响。他撰写了《普通测量学（上下册）》《水文测量学》《铁路测量学》《应用天文学》等12种著作。这些著作是在学习了解苏联工科学校规章制度及工作方法的基础上，理论联系实际编写而出，是当时大学正规化的教科书。大地测量方面，曾研究发现我国大地测量在柏塞尔椭圆球和1866柯拉克椭圆球中宜取用后者。

此外，在应用天文学方面，他于1928年发明了"观星定时刻简法"，19年后美国杂志上始见此法，尚不如"观星定时刻简法"的四种情形下之运用；还发明了"中西对照恒星分区图"；设计日晷仪及土圭观察日影确定季节、月、日标准时刻；在科学概论方面，提出了宇宙万物一体发展论。

白季眉作为无党派人士，还积极参加各种社会活动，担任多项社会职务。解放前，曾任重庆市导淮委员会专门委员、市行政院水利委员会水文编辑顾问、国立编译馆土木工程名词测量部分审查委员等职；是中国天文学会和中国科学社的永久会员；1950—1952年任东北工学院中苏友好协会会长，曾获东北中苏友好协会所发的优秀会员奖章；1956—1958年任长春市政协常委；在山东海洋学院时期，曾任中国测绘学会第一届理事、山东测绘学会第一届副理事长等职。1964 年，当选第三届全国人民代表大会代表。

6. 赫崇本

赫崇本（1908—1985 年），又名赫培之，满族，1908 年生于辽宁省凤城县。中国著名物理海洋学家、海洋科学教育家、中国物理海洋科学主要奠基人，原山东海洋学院（现中国海洋大学）创建者之一。1953 年加入九三学社，任九三学社青岛市委副主任委员，后任九三学社中央委员会顾问。1956年 4 月加入中国共产党，是中共十二大代表、第三届全国人大代表。

赫崇本

赫崇本 1932 年毕业于清华大学物理系，执教于天津市河北工学院、清华大学。1943 年去美国留学，改学气象学，1947 年以《利用统计方法分析北美大气形成》获美国加州理工学院博士学位。又入美国加利福尼亚大学斯克里研究所，师从现代海洋科学奠基人斯韦尔德洛普，从此开始从事海洋与波浪研究。

1949 年春，赫崇本回到祖国，接受山东大学海洋研究所和曾呈奎教授的邀请来到青岛，任山东大学物理系和植物系教授，讲授海洋学和气象学，住在鱼山路 9 号甲。

鱼山路 9 号甲是一幢二层小楼，建于 1937 年。新中国成立后，房主将整套房屋卖给国家。山东大学承租了楼上套房，安排给赫崇本居住。这套住房除了满足生活需要外，贮存了赫崇本在美国留学期间搜集的教材、参考书、资料、笔记、研究札记等，还有为回国开创和发展中国海洋科学教育、海洋科学研究所需的图书、资料等。这幢青岛小楼见证了赫崇本为祖国的海洋事业所做的开创性、奠基性的贡献。

赫崇本来青岛生活、工作了36年，1985年7月14日病逝于鱼山路9号甲寓所中。从1949年回国到1985年病逝，赫崇本先生把自己的全部才智和心血奉献给了中国的海洋事业，谱写出献身中国海洋事业的辉煌篇章。2003年青岛市人民政府将鱼山路9号甲作为文化名人赫崇本故居，2005年列为青岛市重点文物保护单位，并挂标志铭牌。

7. 马元敬

马元敬（1904—1991年），原名马德胜，满族，青州人。1922年18岁时为了谋生来到青岛，由于他学过武术又懂骑术，就经过考试当了消防员。曾任消防队队长，青岛解放时率消防队起义，被任命为青岛解放后第一任消防队队长。

1948年初，马元敬经过昔日同事、地下工作者动员，投身革命，与地下党正式建立了联系。

马元敬

1949年5月24日，人民解放军由北向南逐步突破，国民党防线溃不成军，已经进逼青岛市区。国民党军队惨败的消息，每天都在市区四散传递，老百姓们欢声鼓舞，而作为国民党下属的机关单位却心中惶惶。

面对这种情况，马元敬积极做好思想宣传和稳定队伍工作，同时按照胶东区委的要求，配合即将到来的解放军，提前备好汽油、粮食等重要物资储备，并以安全防卫为由，到国民党伪警察局领来枪支弹药，提前武装各消防分队，做好入城后社会治安各种准备。

7天后的6月1日，解放军已经突入板桥坊一带，青岛绥靖区司令刘安祺奉命南撤，市区一团混乱，市政府、法院、财政局、粮食局等重点要害部门人去楼空。这种情况下，马元敬掌握的"武装"消防队提前起义，成为青岛解放"空窗期"的重要力量，他们迅速接管政府、水电、码头、船厂以及棉纱等重要部门企业，日夜轮班巡逻，防止敌人丧心病狂实施破坏活动，同时维护街面治安秩序，避免大哄抢的发生。在青岛商会的支持下，留守的消防队起义人员在马元敬指挥下，一方面做好消防安全防护，另一方面积极争取组织伪警人员，继续做好治安维持工作，为保护青岛的稳定作出了重要贡献。

6月2日中午，青岛如期解放，人民解放军进城，消防起义队伍被顺利接收。6月3日，重新启动工作的青岛市公安局，召开了解放后第一次大会，对消防起义队伍在维护社会治安、保护生活生产设施中的重要作用，基于这支队伍的努力，当场宣布命令，国民党旧消防队107名队员全部留用，成立青岛市第一支人民消防队，原队长马元敬被任命为解放后青岛首任消防队队长。

总之，近代以来，在反帝反封建、争取国家独立和民族解放的伟大斗争中，青岛各民族人民守望相助、并肩作战，中华民族自我意识真正觉醒，实现了从自在向自觉的伟大转变，中华民族共同体意识空前增强。新中国成立后，在中国共产党领导下，各族群众自立、自信、自强，发展成为更具包容性、凝聚力、统一性的中华民族命运共同体。进入新时代，伴随着中国日益富强起来、日益走近世界舞台中央，各民族之间的经济纽带必将越来越紧、中华文化认同必将越来越深、国家认同必将越来越高，中华民族共同体意识必将越来越强，中华民族共同体必将牢不可破。

第五章　多元宗教的历史缩影

　　青岛是一个宗教历史悠久的城市，历史上佛教、道教、伊斯兰教、天主教、基督教5种宗教俱全。

　　宗教景观是千百年来各大宗教发展演变的历史见证，殿堂庙宇和宗教界人物的命运是青岛宗教兴衰变迁的历史缩影。记录和保护宗教景观，对外有助于外界了解中国宗教发展状况及宗教政策；对内则通过挖掘其文化底蕴，进一步推进宗教中国化进程。

　　本章主要通过青岛现存的宫观庙宇、教堂及相关人物、事件、文化现象的考察，再现多元通和的宗教文化景观，反映不同宗教在青岛的历史演进及其与社会相生相适、和谐发展的情况。

第一节　概述

　　青岛的宗教历史悠久，有众多宗教遗迹和景观。佛教在西汉时传入中国，魏晋时期开始在崂山地区传播。1932年筹资兴建的湛山寺，很快成为国内外影响很大的名刹；青岛崂山是道教名山，道教景观丰富，史称"九宫八观七十二庵"；1928年之后在青岛发展起来的伊斯兰教，也在市区建了清真寺；欧洲两大宗教——天主教和基督教，伴随着西方的舰船和大炮进入青岛。20世纪初，随着江苏路基督教堂的建立，以及30年代浙江路天主教堂的修建而兴盛。

自近代以来，青岛五大宗教各自发展、和谐相处，各具特色的宗教建筑也从一个侧面反映了青岛历史发展的脉络。

第二节　佛教

青岛的佛教历史悠久，佛教在青岛的兴起可以追溯到魏晋时期。据《青岛市志》记载，建于魏元帝景元五年（264年）的崂山崇佛寺（俗称荆沟院），是佛教在崂山的发端地。东晋义熙八年（412年），高僧法显从天竺（今印度）取经后乘船到崂山，佛教在青岛地区逐步得到发展，此后许多朝代都曾在此建有寺院。如：魏晋时期，建立了佛教名寺法海寺；法显在登陆地栲栳岛建立了石佛寺（潮海院），南北朝时又建了"潮海院"的两座下院："大士庵"和"崇德庵"。东晋末年崂山西北侧的楼底村也建起一座小"石竹庵"，后改名为"慧炬院"。唐朝后期崂山又相继建了"峡口庙""普济寺"等佛教庙宇；建于元朝的清凉院、菩萨庙；明朝的于姑庵、华严寺等。同时，域内名山（崂山、大泽山等）及各州县建有多处名寺古刹，至清后期尚有佛教寺庙近百处。

进入20世纪，随着青岛城市的兴起，青岛的有识之士为了弘扬佛教文化，于30年代筹资兴建了湛山寺，成为佛教在青岛发展的新地标。日本第二次侵占青岛后，日本人曾在青岛设有日本佛教寺院7处，日本投降后皆被取缔。新中国成立后，人民政府多次拨款对重点寺院法海寺、华严寺、于姑庵、湛山寺进行维修。

一、法显崂山传教

崂山的佛教在1700多年前就开始传入了。崂山地区的佛寺建立之早、分布之广、规模之大，乃至佛教在青岛地区的广泛传播，与东晋高僧法显早年到崂山是分不开的。

法显（337—420 年），晋代著名高僧。他是我国古代一位伟大的地理学家、旅行家、佛经翻译家，是我国第一位去印度取经把梵文经典带回国内并直接翻译成汉文的文化使者。他对南亚次大陆各国历史文化的研究，对中印等国的交通史，对佛教文化的传播与发展都作出了重要贡献。

法显，本姓龚，平阳武阳（今山西临汾市西南）人。法显 3 岁时出家被度为沙弥（童僧），20 岁受戒，成为和尚。法显聪颖好学，仪轨整肃，很受同戒者崇敬。不久，他从山西到达佛教兴盛的陕西长安，阅读研究佛教经典。法显在学习的过程中，有感于当时藏律残缺不全，为了健全僧伽制度，决心至天竺寻求戒律。东晋隆安三年（399 年），年已 65 岁的法显，偕同慧景、道整等人从长安（今西安）西行求法。他们过敦煌，越过新疆境内人迹罕见的沙漠地带。这里上无飞鸟，下无走兽，连路都没有，只有死人的骨头

法显西行取经图

可以作为行路的标记。经过近三年的跋涉，来到世界屋脊的葱岭（即今帕米尔高原），这里气候、地势极其恶劣，道路险阻，令人难以想象，就连汉代通使西域的张骞、甘英都没有到达这里。越过了葱岭，渡过印度河进入北天竺地界后，法显等人在这里游历了十余个国家，并且在那竭国醯罗城（今阿富汗佛教圣地），参拜了佛影、佛牙和佛顶骨。到后来，同行的十人中，走的走，留的留，还有去世的，只剩下法显一人。但他矢志不渝，坚持求取真经。

公元403年，法显进入中、东天竺。这里气候温和，百姓安居乐业。在这里，他用了6年时间，先后到达20多个国家，考察瞻仰了多处佛教圣地，特别是详细地参礼了释迦诞生处、释迦长住说法处、释迦初转法轮处、释迦苦行成道处等重要佛迹。同时，还认真地学习梵文梵语，搜集佛教各种经典、图像，抄录经律，学画佛像。他在巴连弗城一住就是三年，拜访名僧，刻苦学习经典。公元409年12月底，法显带着大批佛教经典和佛像，到达狮子国（今斯里兰卡）。在这里又留住了两年，继续搜集佛教经典，准备带回国。公元411年（晋安帝义熙七年）8月间，法显从狮子国循海路回国。在海上遇狂风暴雨，船漏入水，船上人把粗重东西扔入大海，法显也将自己的禅杖和杂物扔入海中，但死死地保护住佛经佛像。经过90多天的漂流，到达了耶婆提国（今印度尼西亚的爪哇一带），后又随其他商人船只向广州进发。在海上漂流70多天后，于义熙八年（412年）初秋，在今青岛市附近的崂山南岸栲栳岛一带登陆，经询问猎人，才知此处是长广郡不其县之崂山。

当时不其城为长广郡的郡治，笃信佛教的太守李嶷听说法显是到西方求经的名僧，立即带人将法显接到不其城内，请法显讲经说法，讲解天竺取经的盛况。法显在这里开始整理记忆西天取经的经历，翻译了部分佛经，并在其靠岸登陆处创建了石佛寺（又名潮海院、石佛庵、白佛寺）。

石佛寺位于崂山区沙子口镇栲栳岛村东。相传该寺创建于南北朝初期，明万历年间曾重修。该寺曾为崂山三大古老寺院之一，早年间规模宏伟，内

潮海院

祀如来。石佛寺毁于唐代，宋代重建，也称潮海院。1939年时，房屋尚好，住持为海静和尚，有僧20人。至1959年时该寺仍有僧4人。"文化大革命"中，该寺神像、供器、经卷、文物、庙碑等全被捣毁焚烧，房屋被拆除。现今其遗址仍存4株数人方可合抱的银杏树。

从法显到来之后，佛教在崂山地区声望大振。不久，法显到达东晋京城建康（今南京），翻译经典，讲解佛学。公元414年，正式写成了《佛国记》一书。在道场寺，法显翻译出《摩诃僧祇律》《方等泥洹经》《杂阿毗昙心》等6部佛经，近百万字。东晋元熙二年(420年)，法显在湖北荆州辛寺去世，卒年86岁。

法显西行前后共14年，历经30多个国家，经过了千难万险，行程数万里。去时十人，回时只剩自己一人。想到此法显时常感慨万千。"顾寻所经，不觉心动汗流。所以乘危履险，不惜此形者，盖是志有所存，专其愚直，故

崂山法显铜像

投命于不必全之地，以达万一之翼。"法显根据自己的西行见闻写成《法显传》，又名《佛国记》《历游天竺记传》等。全书共一卷，计 9900 多字，文辞精练，记述翔实。它以典雅的文字，记述了从西域到天竺、到狮子国等地的历史、地理、宗教等情况，是难能可贵的历史资料，被译成多国文字，受到中外学者的高度赞扬。现代学者王征在《佛门奇僧》中评价法显时说："法显不愧是中西文化交流史上的一颗巨星。"鲁迅先生称赞法显"舍身求法，中国脊梁"。1987 年，印度著名历史学家阿里教授在给北京大学季羡林先生的信中说：如果没有法显、玄奘和义净的著作，重建印度史是完全不可能的。法显的贡献是世界性的。《法显传·跋》中称："于是感叹斯人，以为古今罕有。自大教东流，未有忘身求法如显之比。"[1] 法显是当之无愧的。

如今，随着我国"一带一路"倡议的提出和实施，法显的历史贡献为人们所重新认识和重视。2012 年纪念法显西行取经海归 1600 周年国际学术研讨会在青岛市隆重举行，入会学者高度评价法显西行的历史意义，法显被称为西行求法第一人，成为名副其实的"一带一路"的先驱。

二、古老名寺法海寺

法海寺坐落在今城阳区夏庄镇源头村东，是青岛市一座有名的古老寺院。民间传说："先有法海寺的白果树，后有即墨县。"今之即墨始建于隋开皇十六年（596 年），法海寺始建于北魏太武帝时，白果树应与寺同龄。据此推算，法海寺至今已有 1500 多年的历史。[2] 据称法海寺是为了纪念第一代方丈法海而建，但创建时的面积、祀神、殿堂、规模等已无稽可查，其间经过了无数次的重修、重建。

法海寺于民国二十三年（1934 年）最后一次重修后占地面积约 12 亩，分前后两院。前院有大雄宝殿 5 间，殿前两侧各有一棵高大的白果树。有碑亭两座，分别记载元代和清康熙朝法海寺重修之事。大雄宝殿建在 1 米多高的夯土台上，殿内朱漆重梁起架，华贵古雅，内祀释迦牟尼，旁祀阿弥陀佛、药师佛。后殿 5 间是"硬山式"建筑，中祀如来，东祀菩萨，西祀地藏王，墙上绘有释迦牟尼的生平壁画。殿堂外檐下"清规"二字碑分立左右。后院植柏树 4 棵，其中一棵的叶子长有针、扁、长、圆 4 种形状，十分奇特，名"四样柏"。僧寮共 20 间，前院 16 间，后院 4 间。山门外有两棵高大的白果树，两个高约 3 米的石人东西对立。连接山门南院墙的东端建殿堂 3 间，内祀龙王，西端建殿堂 3 间，内祀关帝。这两处殿堂属地方庙、托法海寺代

---

① 参见时桂山文。

② 栾学智：《法海寺》，青岛文史撷英·民族宗教卷，新华出版社 2000 年版，第 148 页。

法海寺

管。新中国成立后，青岛市人民政府于1956年拨款维修，到1966年仍十分完好，至"文革"期间被严重破坏。仅存大殿1座、门楼1个，但都破损不堪，其余房屋或倒塌，或拆除，旧址由崂山源头小学使用。

法海寺属佛教临济宗，寺庙"坐禅"、"挂单"、收徒，是传戒的"丛林"道场。每年农历正月十五、十六和四月初八是法海寺庙会，香火极盛。1982年，青岛市人民政府定其为重点文物保护单位。1996年城阳区政府将原属于法海寺财产的中学、小学、幼儿园等迁出，拆除平房，按原建筑修复。2006年，法海寺被列为山东省文物保护单位。

三、憨山大师与海印寺

憨山，明代高僧，俗姓蔡，名德清，字澄印，号憨山，全县（今安徽省

海印寺遗址

全县）人，是明代四大高僧之一。生于明代嘉靖二十五年（1546年），少时聪颖过人，经书子史，入目能通，尤喜诗词。12岁时，于金陵长干寺（即南京报恩寺）出家为僧，潜心研读佛经及经诗子集，至17岁时，已学有所成。26岁开始云游各地。在憨山大师来崂山之前，崂山已有佛教寺庵20多处。明万历朝，因万历皇帝生母笃信佛教，故而名山大川纷纷兴建佛教寺庵，崂山佛教再次兴盛。

万历十一年（1583年）四月，憨山由五台山来崂山那罗延窟修禅，据传在此闭关两年零八个月。又因此处偏狭不宜扩展，继至巨峰下的白云庵，后来到太清宫附近的树下掩片席为居。憨山认为太清宫乃一宝地，"观其形势，背负鳌山，面吞沧海，中藏一庵，屋庐虽毁，基址犹存。"但此时的太清宫道院倾圮倒塌，香火不盛。困顿贫苦的太清宫道士们愿"举地售之"。憨山闻讯后，急忙赴京奏明太后，太后"命后眷各出布施，修寺安供"。前后所赐帑金以数十万计，并亲自赐额曰"海印寺"，另外还敕颁

《大藏经》一部。憨山又得到即墨灵山桂峰法师和当地士绅的帮助，于是购买太清宫之地，于万历十三年（1585年）始建海印寺，万历十六年（1588年）建成。该寺气势恢宏，佛宇僧寮之宏，规模气势之伟，可与五台、普陀诸名刹相媲美。

憨山多才多艺，晓通史书，熟谙佛经，工于书法，擅长诗词。一生中佛学和其他著作颇丰，著有《法华经通义》《圆觉经直解》《大乘起信论直解》《观楞伽经记》《金刚决疑》《肇论略注》《八十八祖真影传赞》以及《庄子内篇注》《老子道德经注》《中庸直指》等。还有门徒汇编的《憨山梦游集》和《憨山语录》等。

四、那罗延窟与华严寺

1. 那罗延窟

位于那罗延山的北坡，是一处天然的花岗岩石洞，四面石壁光滑如削，地面平整如刮。石壁上方凸出一方薄石，形状极似佛龛。洞顶部有一浑圆而光滑的洞孔直通天空，白天阳光透入洞内，洞中十分明亮。

据说这个洞原来没有孔，那罗延佛在成佛前带着徒弟在此洞修炼，当他修炼成佛后，凭着巨大的法力将洞顶冲开一个圆孔升天而去，才留下这么个通天的圆洞。在梵语中，"那罗延"是"金刚坚牢"的意思。由于此窟由花岗构成，与梵文的那罗延名实相符，因此僧侣们称此窟为"世界第

那罗延窟

二大窟"。

据《憨山大师年谱疏》记载，憨山在五台山修行时，从《华严经》上看到有关那罗延窟的记载，遂不远千里来到崂山，在那罗延窟坐禅修行两年余，原来想在窟旁建寺，后因地域限制，不宜扩展，更觉得建筑材料运输、施工等多方面都有困难，才易地太清宫处建海印寺，引起一场长达16年的僧道之争。因此窟结构独特，并载入宗教典籍，所以被誉为崂山名景之一——"那罗延窟"。

2. 华严寺

华严寺坐落于崂山东麓，依山面海，风景秀丽，是崂山规模最大的佛寺。华严寺原是即墨城"准提庵"之下院，原名"华严庵"，亦称"华严禅院"。1939年沈鸿烈任青岛市市长时赠匾，始称"华严寺"，属禅宗的临济派。

《青岛市志》记载：华严寺是明崇祯监察御史黄宗昌罢归后出资筹建的。

黄宗昌，字长倩，号鹤岭，明即墨（今山东省即墨市）人。崇祯初年，官授御史，曾连上二疏，弹劾逆党和枉法官吏，又奉旨巡按湖广，后因被排挤，于崇祯十年（1637年）罢归故里。

崇祯十五年（1642年），即墨遭清兵围困，黄宗昌变卖家产充军饷，率众护城，抗击清兵，保全了即墨城。交战中，其次子黄基被清兵射死。两年后，郭尔标、黄大夏等率众起义，围困即墨城，知县仓皇逃走。黄宗昌亦纠合即墨士绅进行抵抗，起义军围城40余日后撤走。

黄宗昌晚年，在崂山康成书院南的楼上村隐居，并在此交往接纳明亡后隐居崂山之遗臣、文士。他还撰写《崂山志》，未竟去世，由其子黄坦续完。《崂山志》书是第一部全面记述崂山的志书，明、清之际学者顾炎武为该志撰写序言。全书共八卷，最后为附录，共约6万余字。详载崂山的古迹、名胜、人物、诗文等，辑存了崂山许多有价值的史料，是认识和研究崂山的重要典籍。

崂山有那罗延窟，黄宗昌认为此窟为西方哲人演教之所，于是筹资在窟的涧北建华严庵，未建成即毁于兵燹。后世之华严寺，是由黄宗昌之子黄坦

华严寺

继父志施捐出资，由即墨准提庵慈沾法师在原址重建，清顺治九年（1652年）方落成。

依山势而建的华严寺，其庙宇楼阁之壮丽，涧壑泉石之清幽，在崂山各宫刹中堪称第一。自清顺治朝以来，屡经修葺，皆保持了当年规模。华严寺共有四进，因依山建寺，故而每进渐高。第一进有僧舍 12 间。第二进是建在寺门上的藏经阁，飞檐斗拱，气势非凡。藏经阁外环以走廊，登阁远眺，山海胜景一览无余。藏经阁内原藏清顺治九年刊刻的《大藏经》一部，另藏有明人手抄《册府元龟》一部；阁内还藏有许多明版典籍和憨山大师手书中堂以及华严寺第二任住持善和法师的画像。第三进的正殿供那罗延佛，东西两廊为禅堂。第四进为后殿，供观世音菩萨，侧殿为祖师堂，供慈沾法师，余皆为客房。华严寺全盛时有僧人 80 多人。

华严寺路西有一围墙环绕的塔院，系该寺历任住持藏骨处。塔院中有两座塔，一座九层砖塔葬的是华严寺第一任住持慈沾法师；与砖塔相对的石塔，是善和法师藏骨处。相传善和法师即抗清志士于七。栖霞县反清义士于七起义失败后，潜来崂山华严寺，得到慈沾大师的掩护。慈沾用沸水给于七毁面，伪装麻风僧人，瞒过清兵搜捕。而后于七拜慈沾为师，皈依佛门，法名"善和"。慈沾死后，善和为华严寺第二代住持，康熙十一年（1672年）病故。直到清末民初，华严寺与有着1500多年历史的石佛寺、法海寺仍被称为崂山佛教的三大寺院。

1942年，为抗日需要，青岛市国民政府迁往华严寺。1982年，华严寺被列为青岛市重点文物保护单位。2016年，华严寺正式恢复为宗教活动场所。

五、佛教名刹湛山寺

湛山寺坐落于青岛市市南区芝泉路中段，占地2万平方米，建筑面积15333平方米，共有殿堂144间，是青岛市区规模最大的佛教寺院。它背依太平山，面临大海，苍松翠柏，环境幽静，被称为"湛山清梵"，是青岛市十大景观之一。因建成时间较晚，被称为中国天台宗"最年轻的佛寺"。

1.湛山寺的建立

湛山寺建于20世纪30年代。开山祖师为我国近代高僧倓虚法师。据《青岛市志》记载：湛山寺筹建于1931年夏，南京国民政府交通部长叶恭绰（新中国成立后任全国政协委员）、中东铁路稽查局长陈飞青和佛学家周叔迦等倡议，得到当时的青岛市长胡若愚、沈鸿烈及胶济铁路委员长葛光庭、青岛市佛学会会长王湘汀的支持和赞助，委托时任哈尔滨极乐寺住持倓虚法师于1932年来青岛主持兴建的。工程分五期进行，到1945年方落成。建湛山寺的资金大部分由当时青岛政界、军界、佛教界的一些居士捐赠。

湛山寺坐北面南，寺内殿堂参差，地形由低而高，房屋错落，分列左右，为我国汉传佛教重点寺院，是天台宗北方名刹。湛山寺分五层院落，在中轴线布置主要殿堂，依次为山门、天王殿、大雄宝殿、三圣殿、藏经楼等。大门两侧的石狮子，据说为益都明衡王府遗物，辗转运至湛山寺。门正

湛山寺

面匾额"海印遗风"四个大字，是 1988 年明哲法师升座时由赵朴初居士亲笔所写，以纪念在青岛崂山的憨山大师，勉励后世弟子。寺院最后面为藏经楼，建筑为明清风格，带廊上下各十一间，底层为法堂，二层为藏经楼。楼内旧藏佛经 6000 余册及古代佛像。国内各种版本藏经和研究佛学的工具书《佛学跃辞典》等，应有尽有。在寺中心轴线右侧为青岛湛山寺佛学院，有课堂 7 间，一人一桌，能容 60 人。鼎盛时期，全国各佛教宗派的著名和尚，纷纷前来讲学。该寺东南角，有一宝塔矗立，名"药师琉璃光如来宝塔"。塔下层供东方琉璃世界消灾延寿药师佛像，上两层可以登高眺望。

　　1982 年 12 月，湛山寺被列为青岛市市级重点文物保护单位。1983 年，国务院确定湛山寺为佛教重点开放寺庙之一。1986 年 12 月，湛山寺修复完毕，正式对外开放。每月的初一、十五都举办法会。按照佛教的节日经常举办华严法会、弥陀法会、观音法会、地藏法会、药师法会等宗教活动。每年农历四月初八的佛诞节、春节等期间都举行祈福"世界和平，国泰民安"法会。2005 年 3 月，在湛山寺院内西北角开工新建一座 250 平方米的倓虚法师纪念馆和卧佛殿。一层殿内供奉卧佛一尊，为整块缅甸玉雕刻而成，重约38 吨；二层为湛山寺开山祖师倓虚法师纪念馆。

2. 开山祖师倓虚法师

倓虚法师（1875—1963 年），天津北塘镇人，1917 年于河北涞水高明寺剃度出家，后到浙江宁波观宗寺礼拜谛闲法师，专学天台宗教义。由于好学深思，悟解透彻，谛闲亲授其天台宗法卷，成为天台宗第 44 代嫡系传人，在国内享有盛名。1932 年来青岛筹建湛山寺，由于工作得力，工程进展顺利，于是法缘大开，受到青岛佛教界人士的大力支持，担任了湛山寺第一任住持。倓虚法师任湛山寺主持期间，开办了湛山寺佛教学校．聘请许多佛学大师前来讲经授课。到 1944 年，倓虚因年事已高，宣布退居，1949 年春去香港。

倓虚法师在兴办佛教教育，建设佛教道场方面有突出贡献。老和尚一生所兴建的寺院，除前述的营口楞严寺、哈尔滨极乐寺、长春般若寺、青岛湛山寺外，经他手复兴的寺院众多。他一生设立的佛学院有十三处之多，而他在国内造就的僧才及度化出家的僧伽，难以数计。湛山寺佛教学院的弟子也成为中国很多寺庙的主持和教员。

倓虚法师像

据湛山寺法师介绍，在香港有个湛山寺，也与倓虚法师有关。倓虚法师去香港弘法精舍，与弟子建立了香港首家佛学院，所培养的僧才对日后香港佛教发展影响极大。如：倓虚法师的弟子宝灯法师是香港湛山寺的开创者；弟子宝镜法师在香港创建了关中寺；弟子乐度法师 1956 年去了美国，把中国的大藏经翻译为英文，在几十个国家出版，在世界上有广泛的影响。倓虚法师在香港住了 15 年，1963 年 8 月 11 日圆寂于香港弘法精舍，世寿 89 岁。香港湛山寺供奉倓虚法师的舍利。

倓虚一生著作及弟子记录有：《金刚经议义》《金刚经亲闻记》《心经义疏》《心经讲义》《心经亲闻记》《酱门品讲录》《大乘起信录讲义》《天台传法心印记注释要》《始终心要义记》《信心铭略解》《证道歌略解》《念佛论及文钞讲演录》《影尘回忆录》《示寂记》等。人们尊他为湛山大师。

3.慈舟法师在湛山

据倓虚法师在《影尘回忆录》中陈述：戒律对于佛家很重要，而自己因为出家较晚，到北方后忙于盖庙办学，没有长时间去研究，于是专门请来两位持律的法师。其中一个是慈舟法师。倓虚法师讲：请慈老的原因一是因为他是当代大德，走南闯北，学识渊博，而且对各地的家风规矩都有经验，来湛山可以帮助制定丛林规矩；二是他对戒律有专门研究，而且能以身作则。

慈舟法师（1915—2003年），湖北随县人，中年失怙，34 岁时得母亲同意，夫妇同时出家。受戒后，到各地参访听讲，遍师名匠。民国二年（1913 年），跟月霞老法师，在华严大学专研究华严经及大乘起信论。后来自己到各地讲经办学。慈老一生专研贤首五教，兼代持律讲律。他平素悲

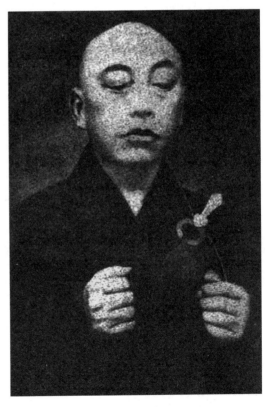

慈舟法师像

天悯人心切，每逢在大座讲经，说到一般人放逸犯戒的时候，辄自痛哭流涕！因此感人甚深。华严经和起信论是贤首家主要经论，慈老深有研究而且有著述。虽然华严经很长，但是慈老讲得最多，而且深受僧众欢迎。①

4.弘一法师青岛传经

倓虚法师请的另一位讲经者就是鼎鼎大名的传奇高僧弘一法师。1937年5月下旬至10月中旬，弘一法师应湛山寺住持倓虚法师的邀请莅临该寺，在青岛开展了一系列的弘法讲律活动，在青岛佛教界留下一段佳话。

弘一法师（1880—1942年），俗名李叔同，祖籍浙江平湖，生于天津。他早年就读于上海南洋公学，后留学日本。回国后任过教师、编辑之职，被称为"绝代的才华"，能诗、能文、能写小说，能译英诗，精通梵文。在文章、诗词、音乐、篆刻、戏剧、油画、书法等方面被称为"卓然大家"。他

弘一法师像

在"俗"时的文学艺术作品仍广泛流传。如诗《送别》："长亭外，古道边，芳草碧连天。晚风拂柳笛声残，夕阳山外山……"等至今流传不衰。林语堂曾说，"李叔同是我们时代里最有才华的几位天才之一，也是最奇特的一个人，最遗世而独立的一个人。"

民国七年（1918年）7月13日，李叔同在杭州虎跑寺剃度出家为僧，法名演音，号弘一，因佛学上的卓越成就，被称为弘一大师。出家后，他苦心向佛，严守戒律，精研律学。26年来，衣服只一领衲衣，补丁

---

① 倓虚老法师述：《影尘回忆录》，第 198 页。

224 处，青灰相间，褴褛不堪，他后来被佛门弟子奉为律宗第十一代世祖。关于弘一大师的一生，他的弟子丰子恺评价说，"由翩翩公子一变而为留学生，又变而为教师，三变而为道人，四变而为和尚。每做一种人，都做得十分像样。"

倓虚法师与弘一法师同籍天津，倓虚素来敬重和服膺弘一法师，1937 年旧历 3 月下旬，派出本寺书记梦参法师，专程前往厦门万石岩礼请。弘一法师欣然接受邀请，并提出三个条件：不为人师；不开欢迎会；不登报吹嘘。[①]5 月 20 日，弘一法师一行五人，轻车简从，坚辞迎送之俗礼，入住湛山寺。随后应僧众的请求，开始给大家开示和讲解戒律，主要是讲南山律学。弘一法师讲经提纲挈领，一目了然，将一部文字烦琐深奥的著作解释得通俗易懂。闲暇时则屏处一室，或拜佛念经，或沉潜于佛典的研读之中。他只在朝暮课诵之余，在院中各处走走看看，聊作休息。他喜欢大海，每天要出山门到湛山的海边看海，站在水边的礁石上瞭望，成了弘一法师的"日课"。

到青岛一个多月，"七七事变"发生，青岛形势紧张。南方的朋友担心大师的安危，来函敦劝他南归。弘一法师执意按原计划继续留在青岛讲经礼佛。并当即手书"殉教"横幅以明志，并作题记："为护佛门而舍身命，大义所在，何可辞耶？"10 月上旬，弘一法师圆满完成了讲学任务，辞别倓虚法师和僧众，将一部手写《华严经净行品》送给了梦参法师，并提跋答谢。火头僧写有一篇《弘一大师在湛山》的文章，对弘一在湛山寺的讲学记载甚详。文中有一小插曲，叙述弘一法师在青岛时婉拒市长等要员会面、宴请，赋诗作答："为僧只合居山谷，国士筵中甚不宜"，表明自己一心向佛，不入俗流，不慕权贵的志向。

弘一法师于 1942 年 8 月 28 日自写遗嘱，9 月 1 日自书"悲欣交集"四字，4 日（公历 10 月 13 日）圆寂于泉州。

---

① 刘增人《青岛文史资料》12 辑，第 70 页。

六、其他名寺古刹

1. 于姑庵

于姑庵坐落于青岛市四方区错埠岭村东南石山脚下，属禅宗临济派。据传，于姑庵前身叫黄德庵，始建于唐代贞观年间（627—649年），初建时居住和尚（比丘）。明代成化年间（1465—1487年），黄德庵改建成于姑庵。此后，一直居住尼姑（比丘尼）。1982年12月，青岛市人民政府将于姑庵列为市级重点文物保护单位。

相传明代成化年间，当地有一位于姓姑娘从小常随父母到黄德庵进香，长大后对父母包办婚姻不满，抗婚不嫁。婆家强行娶亲，于姑娘矢志皈依佛祖，乃落发为尼。此后，于姑娘除每日烧香、念经、拜佛外，还帮助附近农户做了不少善事，深得乡亲们的敬重。后来，黄德庵和尚遭人诬告被驱逐，只留下了于尼姑。

于尼姑看到黄德庵小、神像少，发愿要修缮、扩建。她为了实现自己的愿望，就到处化缘集资。有天当她化缘到崂山枣园村时，见到一棵参天大枣

于姑庵旧址

树，她就在树下念经 3 天 3 夜。此举感动了当地群众，大家纷纷捐款资助，将原来的黄德庵拆除，又在原址附近建新庵，建好后取名为"于姑庵"。庵内共有正殿、东廊房、西廊房、天王殿以及南阁殿 5 个殿。自此，于尼姑在庵内收徒，一代接一代，庵内香火旺盛。于姑庵建成后，曾先后 5 次重修与扩修。从市档案馆保存的资料看，到 1934 年时，于姑庵有地 100 多亩、山岭 70 多亩。由尼姑自留七八亩地，种粮食和蔬菜，尼姑们过着亦禅亦农的生活。尼姑最多时有 6 人，最少时也有 3 人。

庵内天王殿两侧有两棵古银杏树，长势雄伟，枝繁叶茂。相传这两棵银杏树是明代成化年间建于姑庵时栽上的，是本地树龄最长的树木。500 多年来，两棵挺拔而立的参天银杏树，依然生机勃勃，它似乎在默默地注视着时代的变迁，注视着于姑庵的衰落与兴起。1982 年，这两棵银杏树被青岛市政府列为古树名木。

1993 年至 1995 年 8 月，青岛市政府对于姑庵进行了修复，将庙宇地域

青岛观音寺

进行部分改造。1998 年经青岛市宗教事务局批准，恢复为宗教活动场所，并于 2002 年起开始恢复修建工程，2017 年全部竣工并经有关部门验收，正式登记成为佛教活动场所，定名为青岛观音寺。

2.大珠山石门寺

大珠山石门寺坐落在胶南市区南部 8 公里的大珠山下，地方志记载建于金大定五年（1166 年），因以两块赫然而立的巨石为门，所以名为石门寺。当年寺庙有大雄宝殿、天王殿、钟楼、鼓楼、东西两庑等建筑。石门寺以较其他寺庙独有的特色远近闻名：寺前一山峰，峰上立有高 141 米的天然大佛，佛旁一和尚跪拜诵经，这一奇观世间绝无仅有；寺院不倚山而面山；石门不朝南而朝东；寺门由天然巨石构成；门旁有泉，大旱不涸，泉水清碧如玉，石门寺由此又叫玉泉寺。

20 世纪 40 年代中期，石门寺毁于战事。1995 年，胶南市（今黄岛区）人民政府投资重修石门寺，修复院墙、大雄宝殿和墓塔林。石门寺二期工程

大珠山石门寺

中恢复的磨铁庵格外引人注目。庵内立法若真青年时期读书塑像，庵壁挂其书法、绘画作品。

法若真（1608—1691年），字汉儒，号黄山，今胶南市宝山镇尚庄人，是位具有传奇色彩的历史名人。他四岁听秀才们讲论《大学》就能提问置辩。青年时期曾隐居大珠山石门寺发愤读书，并以习字作画为乐。他为自己居住读书的寺院西庑题名"磨铁庵"。清顺治二年（1645年），礼部废除"五经"命题考试，法若真不知，应试时仍写了以"五经"为内容的文章20篇。主考官阅卷发现文章奇拔，推荐给皇帝；法若真由此被任命为内翰林。后他任中书舍人、翰林院编修、浙江按察史、江南安徽布政史等职。他精书法，善绘画；诗画意境悠远，引人入胜，《中国传世名画选》收有他的作品。

1996年，石门寺被列为胶南市（今黄岛区）重点文物保护单位。2008年，大珠山石门寺依法登记为合法佛教活动场所。

3. 大架山观音寺

大架山又名仙足山，坐落在莱西中庄扶村西2华里处，这里山势雄伟，起伏连绵。据当地村民相传，北宋年间，家住在南边七八里路的张家庄的道教仙人张果老，倒骑毛驴到东海云游蓬莱岛，本来可以腾云驾雾，一眨眼就可以到达，可是他路经此地，被这里秀丽的环境所迷恋，只见幽幽的深谷里白色的云纱飘游山腰，朦胧中，像是山在飘移，树在舞动。阳光透过树梢，金光横照，与绿树和田野互为映衬，显得十分壮观。仙人张果老不由得赞叹："此山乃人间仙境。"后人发现，在仙人张果老小憩的地方，有脚印、毛驴印各一行，还有休息时坐过的臀印，烟蒲箩印、烟袋印，现在仍清晰可见，故名"仙足山"。

仙足山景区蕴藏着悠久的历史文化内涵，以"观音寺"为代表的佛教文化就是其中之一。据出土石碑记载此寺自元代修建，经大清康熙年代扩建，同治二年（1863年）四月由刘藏玉等捐资修复。民国初期改名为观音寺。在"文革"期间被毁。2007年开始，由中庄扶村村委会主持对观音寺进行复建，并将原"三官庙"更名为"三圣殿"，配有144平方米的僧舍偏殿，

大架山观音寺

主持僧、行僧常规佛事。"三圣殿"内供奉南无大势至菩萨、南无阿弥陀佛、
南无观世音菩萨、南无消灾延寿药师佛、南无地藏王菩萨。观音寺建成结束
了莱西市无寺院的历史，为信众提供了合法的宗教活动场所，2009 年被批
准恢复为固定佛教活动处所，并正式对外开放。

4.灵珠山菩提寺

灵珠山菩提寺原名白云寺，坐落在黄岛区灵珠山，该地钟灵毓秀，风景
优美。灵珠山菩提寺始建于明朝万历年间，属汉传佛教禅宗道场。白云寺昔
日香火旺盛，有正殿 3 间，东西偏殿各 3 间，殿前东西侧有客舍及僧舍各 3
间。院内有钟楼、香楼各 1 座。正殿内从奉如来佛、观世音和文殊菩萨；东
西偏殿塑有罗汉、雷神、雨神、山神等 17 尊神像。神像全系彩塑金身。该
寺自明朝末年修建之后几百年间，经过几次重修，规模逐步扩大，每年正月
十五、三月三、九月九等传统节日，来此拜佛的香客络绎不绝。各地前来赶

庙会的人多则达几万人，影响力也逐年加深。寺边有座泉水名曰：通海泉。"文革"中白云寺遭受重创，古寺仅存遗址。

2005年开始，在青岛市政府的支持下，募集善款1亿多元，主要用于殿堂和佛像建设。到2009年9月白云寺已修复完毕，旧貌重现，盛况空前，经由佛界大贤议定，定名灵珠山菩提寺。主体包括山门殿、天王殿、大雄宝殿、藏经阁、观音殿、舍利塔、钟鼓楼等，寺院最大的亮点是在观音殿内修建一座四面千手千眼的观音铜像（高5.5米，有2400只小手）。整个寺院占地80亩，建筑面积8000平方米，建成后成为青岛地区最大的寺院。2009年9月28日，灵珠山菩提寺举行了盛大的寺院落成、佛像开光和方丈升座等典礼。时任湛山寺方丈明哲长老任方丈，邀请海内外166名高僧大德出席盛典仪式，计划在灵珠山菩提寺招收佛学弟子，力争将其创建成北方知名佛学院。

菩提寺

第三节　道教

青岛的道教以崂山为代表，在西汉时已有端倪，东汉张陵创立道教后，崂山道教得到了长足的发展。许多著名道士受到皇帝的召见和赐封。至明、清时，全真道在崂山已很盛行。20 世纪初，崂山道教日趋衰落。日军第二次侵占青岛后，多次进山"扫荡"，杀人毁庙，道士流落失散，庙内香火几乎断绝。青岛解放时，市区的道观保存完好者有 59 处，道士、道姑 200 余人。解放后，年轻的道士多还俗另谋他业，许多道观改作他用。1959 年，全市有道士 86 人、道姑 3 人，分布于 27 处道观。"文革"结束后，崂山各宫观恢复了正常的宗教活动。

在本书编写的过程中，我们与崂山太清宫有关道长多次访谈、交流，在此基础上，参阅了有关典籍和书刊中关于崂山的记载、描述，并现场考察，终于厘清了崂山道教景观、崂山道乐、道教养生以及与崂山有关的历史名人等的历史脉络和现实联结，在此，我们将与此相关的物质的和非物质的文化景观尽量呈现出来，供大家阅读、品评。

一、崂山道教景观

崂山是儒释道并存之地，而以道教闻名天下。崂山道教，距今已有 2100 多年的历史，是中国道教的三大发源地之一。据青岛市前文化馆馆长张开明统计，崂山道教宫观实际数目达 119 处之多，堪称名副其实的道教圣地。目前，崂山保存较好的道观有太清宫、上清宫、明霞洞、太平宫、通真宫、华楼宫、蔚竹庵、白云洞、明道观、关帝庙、百福庵、大崂观和太和观等 13 处。2013 年崂山道教建筑群被确定为国家级文物保护单位，其中，太清宫、上清宫、明霞洞、太平宫、华楼宫、蔚竹庵等皆修葺一新，成为道教活动的重要场所。其中规模最大、历史最悠久者当数崂山太清宫。明代以

道教全真天下第二丛林

来，又被誉为"道教全真天下第二丛林"。[1]

1. 崂山太清宫

太清宫，又名"下清宫"，在崂山众多的道教庙宇中，太清宫是有记载的最早的道教祖庭，是崂山历史最悠久、规模最大的一处道观。太清宫始建于西汉建元元年（前 140 年），距今 2150 多年。

太清宫的创始人是江西人张廉夫，他是黄老道的信奉者，曾任汉景帝朝大夫，后辞官归隐，修道于终南山。汉武帝建元元年，张廉夫来到崂山，在老君峰下建茅庵隐居修道，供奉三官，取名"三官庙"。由此奠定了崂山道教的基础。至建元三、四年，张廉夫又建殿宇一所，供奉三清神像，称为太清宫。今三皇殿院中之古柏，据传即为张廉夫手植。

太清宫主要有"三官殿""三清殿""三皇殿"等 140 多所建筑，占地面积近 3 万平方米。建筑风格为青石灰瓦，古朴无华，体现了道家"清静无为""修身养性"的思想境界。

---

[1]　高明见:《道教海上名山——东海崂山》, 宗教文化出版社 2007 年版, 第 89 页。

太清宫

三官殿供奉三官大帝神位，名为三官庵。中奉天官大帝之神像，左奉地官大帝神像，右奉水官大帝神像。中国上古就有祭天、祭地和祭水的礼仪，不过，上古祭祀天地水是皇帝的权利，庶民百姓只能祭祖。东汉时，张陵创立天师道，就以祭祀天地水三官，上三官手书作为道教徒请祷治病的方法。在道教神系中，天、地、水三官是三个神仙人物的合称，也是道教最早敬奉的神灵。三官神中，天官赐福、地官赦罪、水官解厄。三官神在道教诸神中在民间享受的香火之盛位居前列。

三清殿供奉三清，是三大殿宇的主殿，太清宫最大的殿宇。三清之说，源出于老子《道德经》。老子说："道生一，一生二，二生三，三生万物。万物负阴而抱阳，冲气而为和。"故《老子圣母碑》说："老子者，道也。"视老子为道的化身，由此衍生出老子一气化三清之说。一就是元始天尊、二就是上清灵宝天尊、三就是太清道德天尊（太上老君），他们是道教信仰中的主要尊神，地位最高的神灵。

太清道德天尊即老子，原为春秋战国时期道家学派的创始人，道教创立时被尊为始祖。后来由于佛教传入我国，给道教带来冲击，于是道士们又塑造了元始天尊和灵宝天尊，太上老君（老子）虽然仍是道教最高神之一，但已屈居第三位。

三皇殿创建于唐朝末年，由河南义兰县人李哲玄所建。据史料记载，唐昭宗天祐元年（904 年），李哲玄来到崂山太清宫，见这里风景优美，环境极佳，遂集资兴建这座殿堂，供奉三皇，名"三皇庵"。李哲玄精于园林设计，对太清宫的甬道和附属建筑布局进行了调整和修建，使之符合道家的哲学思想。他亲手栽植的"龙头榆"，至今枝叶繁茂地生长在三清殿门前左侧的逢仙桥头。这棵 1100 多岁的老榆树，因其树形特别，犹似龙头，被人们称为"龙头榆"。而"龙头榆"旁有一大石，刻有"逢仙桥"和宋太祖赵匡胤敕封崂山道士"华盖真人"的记事。

三皇殿是一个长方形院落，并排列有两座殿堂，主殿是三皇殿，副殿是救苦殿。三皇殿中供奉的是"天皇""地皇""人皇"三位神仙，即中华民族的祖先神伏羲、神农和轩辕黄帝。它的建立，进一步完善了太清宫的建筑布局，使太清宫达到当时国内同类庙宇的最高水平。

在三皇殿堂两侧，同时供奉着中华民族历史上出类拔萃的 10 位民间医生：扁鹊、张仲景、华佗、皇甫谧、孙思邈、王惟一、钱一、李时珍、叶天

龙头榆、逢仙桥

士、王清任的神位，意在纪念他们继承和发扬中华医学、治病救人、广施普济的功绩。

在三皇殿门外两侧的石墙上，各镶嵌一块石碑，碑上镌刻着元太祖成吉思汗敕封崂山道士、道教全真七子之一、龙门派开山始祖丘处机，令其掌管天下道事的圣旨全文。

三皇殿院内，有一株古柏，高22米，胸围近4米，树龄2100余年，据传这是西汉张廉夫初创太清宫时所植。在这株古柏树干北侧距地面1.5米处生着一株藤本植物凌霄，这株凌霄的根全部长在树干中。与之相呼应，在此古柏的南侧距地面约10米处的树干上又生有一株木本植物枣盐肤木。凌霄的树龄已超过100年，盐肤木的树龄也快100年了。近百年以来，三树一体同生，在植物界实属罕见，形成独特的景观，被称为"汉柏凌霄"，令游人交口称奇。

崂山道教的兴盛始于唐宋年间。唐朝末年的李哲玄、五代时期的刘若拙都受到皇帝的敕封，当时，崂山道教隶属于正一道各教派。金元以来，全真道兴起，刘处玄、丘处机相继登临崂山传教，使崂山各宫观皈依于全真门下，太清宫成为隐山派祖庭。

明代万历年间，经历了佛道之争，朝廷降旨毁寺复宫，此后，在朝廷扶持和官府保护下的太清宫逐渐成为崂山地区规模最大的宫观。明天启二年（1622年），道人赵复会重修太清宫，正式确定了分三官、三清、三皇殿为三个院落的格局。该三院都建有围墙，各立山门，并有便门相通，使太清宫基本上形成了今天的规模。

明代崂山道教又衍生了三个龙门支派：金山派、金辉派和鹤山派，使崂山的全真教派达到10个。至清代时崂山道教仍长盛不衰。众多名道慕名而来，如明代张三丰、徐复阳、齐本守等都曾在太清宫居住修行，清代褚守持、王良辉、韩谦让等高道也都先后任太清宫住持。

1949年青岛解放前夕，太清宫仍有道士13人，殿宇房舍150余间，并有土地600余亩，另有山场3处。"文化大革命"中太清宫的庙碑、神像、

宣差阿里鲜面奉
成吉思皇帝圣旨丘神仙奏
知来庥公事也照你
前时已有圣旨文字典好你
来教你都管着者有庥出家
善人都管着者有庥出家
者神仙奉到如此理会只你识
西域未年九月二十四日
真人感化胡郡归顺四至燕京
仙至汉地如赐金虎符牌曰
池其门居者居之掌管天城
下道门事务以听神仙康
他人勿得干预官司常
置盖行赐免所在官
切衙护
天乐道人李道谦书

钦差近侍刘仲禄奉
成吉思皇帝圣旨遗兴诸处官员
皇帝逐日念诵经文告天底
丘神仙应有底院舍每与
发税赋都休教着底人等随处
院舍都救免家影占差发税赋者
外诈到官司治罪断按主者奉到
告到此不得违错直至给付照用
如此付神仙门下收执
右付神仙应保出家门下
照使住持神仙应保出家人等许免差
精严赋准此
癸未年卯军三月日

谕旨碑图

文物、经卷、供器等均遭毁坏，道士被遣散回家。

　　1979 年 7 月 30 日，时任中共中央副主席邓小平视察青岛，在青期间游览了太清宫。面对着如此众多的古树名木，老人家建议随行的市领导："这个地方应该开辟成游览区，光凭那些古树，就能吸引海内外的众多游客。"①这句话，让这座千年古观重沐春光。青岛市同年即成立了"崂山风景点恢复领导小组"，组织人员进山勘察。同时，由青岛市园林管理局接管太清宫，对殿宇进行了部分修缮，添置各种器具，重塑神像。1980年春天，由市园林局出面请回了"文化大革命"期间被遣送回家的匡常修等五位老道长，开始收徒传道，恢复了宗教生活。1982年12月，青岛市将崂山太清宫等列为市级重点文物保护单位。1983年，国务院确定太清宫为"汉族地区佛道教全国重点寺观"之一。1989年3月29日，崂山太清宫正式对外开放。

自2001年起，青岛市道教协会投资2000余万元，对崂山太清宫前、后区进行扩建，增建山门、钟鼓楼、元辰阁、元君阁、混元殿、文昌殿、财神

老子像

---

① 高明见：《道教海上名山——东海崂山》，宗教文化出版社2007年版，第215页。

殿等殿堂建筑及院墙，并新塑神像。2005年农历十月十五下元节，崂山太清宫为神像举行了盛大的开光盛典，时任中国道教协会会长任法融道长以及全国各大名山宫观道长、学者等400余人参加开光庆典活动。至此，崂山太清宫占地面积12000平方米，内殿堂总数达到了13座，供奉神像达218尊之多，就建筑规模而言已经超越了以往的任何一个历史时期。2013年，太清宫作为崂山道教建筑群之一被确定为国家级文物保护单位。2015年，在太清宫后山修建了老子神像。

2. 上清宫

上清宫位于崂山八水河以上，昆仑山之阳，俗称上宫。初创于宋初，上清宫乃宋太祖赵匡胤敕建给华盖真人刘若拙的道场。传说刘若拙武艺高强，宋太祖听说他修道高深，于公元960年（建隆元年）召其入京，想把他留在宫中，但刘若拙坚决要求回崂山，宋太祖就敕封他为"华盖真人"，"敕建太平兴国院以处之，上清、太清二宫，其别馆也。"[①] 即上清宫乃宋太祖赵匡胤敕建给华盖真人刘若拙的道场。上清宫虽然规模不大，但在崂山众多宫观中，却历史悠久，素负盛名。

上清宫分前后两进庭院，呈长方形。大殿系木砖筒瓦单檐硬山式建筑，共有殿宇房屋28间，占地面积约1000平方米。前院门内东西植古老银杏两株，树干高出云表，苍劲古朴，树围达5米左右。这两棵古银杏树龄已逾千年，被称为"仙树"。后院是正殿、东西配殿及道台。前殿供奉三清，后殿正殿供奉玉皇，左偏殿供奉三官，右偏殿供奉七真。正殿西窗前，有白牡丹一株，枝繁叶茂，高约八尺；盛花时节有如玉碗冰盘，清香四溢，满院生辉。据传说这就是蒲松龄著《聊斋志异》中的花仙"香玉"。

上清宫古迹颇多，相传刘处玄、丘处机、李志明等全真高道都曾入住说法。在宫外东北角的石壁上，刻有丘处机《青玉案》词一首及序言，记载了他于金大安元年应崂山道众之邀来游崂山的经过。与此刻石相对的西北角，

上清宫

有一圆形巨石，名"鳌山石"，刻有丘处机的十首七言绝句。"鳌山石"下面有一口清泉，名"圣水泉"，水质甘洌澄明，为崂山名泉之一。宫南有丘祖衣冠冢，旧称"丘祖坟"。"十年浩劫"中也未幸免，曾被掘开，仅长方形石墓遗址至今仍在。现为崂山区文物保护单位。

千余年来，上清宫经历了三毁三修。1949年青岛解放前夕，上清宫已成断垣残壁。1956年青岛市政府曾拨款修缮，建筑面积390平方米。"文化大革命"中再度被毁，塑像、石碑、文物、经卷尽遭破坏，道士被遣散，房屋由崂山林场使用。1982年青岛市人民政府将上清宫列为市级文物保护单位。1991年3月，青岛市道教协会筹集资金进行修缮，12月6日，焕然一新的上清宫被作为道教活动场所重新开放。2013年，与太清宫等宫观一起作为崂山道教建筑群之一被确定为国家级文物保护单位。

3. 明霞洞

在上清宫以北，玄武峰之下，系一天然石洞，其洞额镌刻丘处机手书

"明霞洞"三字。其洞原先颇为高大宽敞，据黄宗昌《崂山志》记载：明霞洞，上如厦，石之环列若堵，户牖皆天成也，佛宇僧舍居左右，有石蹬数百级乃上，观海色清澈，恍度越天际矣。

另据《胶澳志》记载，明霞洞于金大定二年（1162年）被修建为庙宇，元代时在洞口右侧建斗姆宫，李志明始居于此，为道家之庙观。明清两朝，明霞洞由僧道交替住持，自明代起斗姆宫更名为明霞洞。明永乐年间，道士张三丰隐居于此，玄真洞是其遗址。明隆庆年间，金山派创始人孙紫阳（玄清）重修时建三清殿，明霞洞成为全真龙门支派金山派的祖庭。据高弘图《崂山九游记》记载，道姑刘贞洁亦曾居住于明霞洞修行。明霞洞在清康熙年间因遭雷雨而塌陷，大半陷入地下。清末又建观音殿，此时的明霞洞道观占地面积2000平方米，建筑面积200余平方米，有殿堂房舍32间。后来观音殿因暴雨山洪坍石而被砸毁，再未修复。

1949年解放前夕，明霞洞殿堂逐渐残败，1956年，青岛市政府拨款对

明霞洞石刻

其进行修缮。"文化大革命"期间神像、文物等被毁，房舍由青岛药材公司使用。1982年，青岛市人民政府将明霞洞列为市级文物保护单位。1991年3月，青岛市道教协会筹集资金进行修缮，1992年9月21日，对神像举行了开光仪式，明霞洞被作为道教活动场所对外开放。2013年，作为崂山道教建筑群之一被确定为国家级文物保护单位。

4.太平宫

在崂山现存的寺观中，太平宫是有史料可考的最古的道观。太平宫位于崂山东海岸仰口湾西侧的上苑山南坡，又称"上苑"。据明、清时期重修太平宫的碑文记载，太平宫是宋太祖赵匡胤（960—976年）为华盖真人刘若拙建立的道场，因落成于太平兴国年间，故初名太平兴国院，后改名为太平宫。与此同时，又兴建或重建了太清宫和上清宫，作为它的别院。千余年间曾多次重修。香火最旺时为清嘉庆年间，有道士40余人，土地130余亩。青岛解放前夕，太平宫仍有道士八人，土地70余亩。

太平宫

太平宫奉道教全真华山派，占地面积 2500 平方米，建筑面积 500 平方米。它不仅是崂山最古老的道观之一，而且依山傍海，风光旖旎，宫之周围多奇峰怪石、古木幽洞，自然景观和人文景观都极为丰富，为崂山东部之冠。太平宫为"品"字形二进院落，正殿在后院，供奉天后妈祖；前院分东西两院，各建月洞门，每院有配殿各三间，分别供奉关圣、真武。东院建有钟亭一座，内悬大钟一口，旁有石碑，刻有"太平晓钟"四字，为崂山著名景观之"上苑晓钟"；西院建有道舍客堂，有水井一眼，号"龙涎"。山门之影壁刻有"海上宫殿"四字，传为清末书法家华世奎手书，影壁背面刻有《太平宫记》，记载太平宫的兴衰沿革。据此记载，太平宫建成后，金泰和戊辰（1208 年），长春真人丘处机莅此，赋诗廿首，镌于宫北之白龙洞。金元明清屡经修葺，题词刻石遗迹犹可扪视。

1979 年，青岛市人民政府拨款对太平宫进行全面修缮，恢复了原有规模。1982 年被列为市级文物保护单位。1992 年 6 月 1 日，太平宫作为道教活动场所正式对外开放。2013 年，作为崂山道教建筑群之一被确定为国家级文物保护单位。

5. 华楼宫

华楼宫位于华楼山的中部，华楼峰西侧，是崂山九宫之一，自古颇负盛名。元代高道刘志坚初创草庐居住修行，刘志坚去世二十年后，其门人在其修行结庐之所修建华楼宫。

华楼宫属道教全真华山派，是一座规模不大的道观。庙宇为东西长方形，殿堂一字排开，东为老君殿，中为玉皇殿，西为关帝殿。庭院雅洁，古木参天，特别是两株古老银杏，枝叶繁茂，绿荫满院。自华楼宫向东有两处洞窟，名"五祖洞""七真洞"，旧时供奉道教全真派"南五祖"和"北七真"的塑像。再向东不远，就是巍然壁立、拔地而起的"华楼峰"（"梳洗楼"）了。

华楼宫自建成以来，愈六百余年，几经兴废，历尽变迁。明天顺年间曾进行过重修，清康熙年间再次重修。抗日战争期间，遭日军洗劫，道流四散。青岛解放前夕，庙已残破不堪。1959 年，青岛市人民政府拨款修缮，"文化

华楼宫

大革命"中被毁，房屋由崂山林场使用。1982年被列为市级文物保护单位，2000年6月，崂山风景区管委会投资重修，2006年被恢复为道教活动场所对外开放。2013年，作为崂山道教建筑群之一被确定为国家级文物保护单位。

6. 蔚竹庵

蔚竹庵位于北宅街道办事处双石屋村东北的凤凰崮下，由道士宋冲儒创建于明万历十七年（1589年），亦名蔚儿铺。清道光年间道人李扎秀重修，重修后一度为尼姑庵。清咸丰年间尼姑后继无人，再次由全真华山派道士住持。

蔚竹庵正殿三间，祀真武、观音、三清神像，另有客堂、道舍等建筑20余间。庵内有碑记三座，今仍均保存完好。"文化大革命"期间庙内其他文物被毁，房舍归崂山林场使用。1982年，青岛市人民政府将蔚竹庵列为市级文物保护单位。2000年6月，崂山风景区管委会投资重修，2006年被恢复为道教活动场所对外开放。2013年，作为崂山道教建筑群之一被确定为国家级文物保护单位。

蔚竹庵三清殿

7.鹤山遇真宫

鹤山位于青岛即墨市鳌山卫镇，属于崂山山脉的延伸。鹤山遇真庵，始建于公元 1208 年(宋嘉定元年，亦即金泰和八年)，由道教大师李灵仙所建，是全真道教的分支鹤山派的祖庭。元明两代重修，是北方地区重要的道教场所，后经多次修缮更名为"鹤山遇真宫"，至今已有 800 多年的历史。

鹤山遇真宫占地 2 平方公里。主要建筑沿南北方向伸展错落布局，自下而上分别是山门、道教文化陈列室、三真殿（原为真武殿）、老君殿、玉皇殿等。山门为牌楼式建筑，庄重古朴，上书"鹤山遇真宫"5 个镏金大字，系元代著名道家长春真人丘处机之手迹。道教文化陈列室是展览道教文化及文物的场所。三真殿祀丘处机、李灵仙、徐复阳 3 位真人塑像。据记载，著名道士丘处机、张三丰、李灵仙、徐复阳等都曾在此修行。老君殿，塑有老君神像，两旁侍金童玉女，两侧塑有八仙神像。玉皇殿，供奉玉皇大帝神像。整个建筑群错落有致。庵中神像在塑造工艺上具有较高的艺术价值，据说曾

鹤山遇真宫

有一尊用风磨铜铸造的称为"镇山之宝"的神像，闻名遐迩。抗日战争时期，日本侵略军企图劫掠铜像，庵中主持道人，命徒弟独自将铜像秘密埋藏，然后远走他方，不知所终，而这尊"镇山之宝"的铜像至今仍遗留在鹤山中。

"文革"期间，殿堂全部被毁。改革开放后，当地群众又在原址重建遇真庵，其规模、风采不亚当年。

除庙宇等人文景观外，鹤山与道教传说相关的自然景观更是引人入胜。聚仙门、摸钱涧、仙鹤洞、仙人路等堪称鹤山景观之佼佼者。相传，著名道人李灵仙、徐复阳等都在这里修炼成仙，因名"聚仙门"。过遇真庵北上，有一巨石，高约 10 米，整体形似仙鹤，"昂首振翮，势将凌空"。石上有一洞，面南向阳，名曰"仙鹤洞"，洞外两壁镌有丘处机所书"造化窝"3 字，意在赞颂天地化育万物之功力，实为修真养性之所在。仙鹤洞旁东侧，有元代隐士徐复阳之墓。墓东有一条如刀削斧劈的深涧，便是"摸钱涧"。当年庵中云烟缭绕，香火鼎盛，来此朝拜进香者络绎不绝。2013 年，鹤山遇真宫被列为山东省文物保护单位。

8.铁骑山百福庵

百福庵又称百福观，位于今城阳区惜福镇院后村东的铁骑山下。庵背山面洞，松竹环绕，环境清幽，景物宜人。是崂山"七十二庵"胜迹之一。

百福庵始建于宋宣和二年（1120年），迄今已有900多年的历史。初建格局失考，现仅有院内的萃元洞和石砌水井为初建时之旧迹。

百福庵初奉佛教，有比丘尼居于庵后洞中，洞前建草庐，内祀菩萨，又得名百佛庵。今日百福庵的规模和格式是清初由明末进士蒋清山重修。至清顺治二年（1645年），江南明末进士蒋清山，弃河南祥符县（今开封县）县令职，更名蒋迪南，潜居百佛庵修道。蒋学识渊博，修道之余，好攻读，工书法，收藏大量经典书籍，一时百福庵便成了崂山十一个藏书院之一。时人称"蒋迪南书院"。同时统筹庙事，主持扩建，后来更名"百福庵"，改奉道教，任道长。百福庵盛时有房屋48间，占地面积3390平方米，建筑面积593平方米，土地300多亩。

百福庵大殿、中殿、南殿自北至南整齐排列，依次为娘娘殿、三官殿和玉皇殿。中殿穿堂，祀"三官"；后殿为硬山式，高约六七米，重梁起架。殿内供奉玉皇大帝。两侧建创廪、膳堂。唯一的水井在院内东北角高台上，乱石砌成，水位雨天不涨，旱天不减，水质甘洌。

萃元洞又称娘娘洞，在院西北处，东西排列，本地人称"大石屋"。二洞都是以中空巨石略加工而成。两洞装有朱漆木门，内或供菩萨，或住尼姑。据传，明末北京城破，崇祯自缢，养艳姬、蔺婉玉二妃在太监保护下，化装成乞丐，携带金银珠宝，先是潜至崂山修真庵(在今王哥庄)出家为道，隐居山林。后得蒋青山道长帮助到百福庵潜修。养艳姬、蔺婉玉二妃子栖身处，后人称"娘娘洞"。

据此庵解放初期还俗道人孙志素追述：蒋道士奉道教，是马山龙门派支，曰"外山派"。即使不诵经时，平日也可以奏道家音乐。特别是自他接养艳姬、蔺婉玉二妃子来庵潜身修道后，二妃子善宫中鼓乐，二人为对崇祯

百福庵

寄托哀思，曾谱写短歌词一阕——《离恨天》，从此，《离恨天》便成为崂山外山派道士迎风乐的重要组成部分。养、蔺在百福庵主要研究琴法，改编民歌，充实道乐曲牌，训练道教乐手并辅导民间乐队。因此，这里的应风乐开展得十分活跃。百福庵也一时成为中国北方应风乐的一个活动中心。这也是百福庵振兴的原因之一。直至今日，附近村镇民间乐队仍在演奏养、蔺遗传下来的曲牌，对崂山民间音乐之发展影响至深。

抗日战争时期，百福庵遭到日本飞机的轰炸，炸毁房舍 15 间，所幸藏书和藏经未得损毁。

百福庵历来每年正月十六日逢庙会，人山人海，香火极盛。这样的活动一直延续到 1949 年。

20 世纪 60 年代，百福庵设"铁骑山农中"。"文革"期间，神像、供器、经卷、庵内装饰物被毁，有的散落民间，庙产只剩空房，山门和院墙全部拆除。不过，院西南角石崖上的两株名贵植树——黑丑，长势正旺。1994 年，百福庵划归城阳区境。2004 年，城阳区政府重修百福庵并恢复为道教活动场所对外开放。

二、崂山道乐与武术养生

1. 崂山道乐

道教音乐又被称作"法事音乐"或者"道场音乐"，即道教专用的一种经歌，有词（经文）有曲（韵），是道士们在斋醮和其他道教法事活动中使用的音乐。各地各教派用的经文均相同，经韵部分却差异较大。正如语言有方言与普通话之分一样，崂山道乐既有崂山独特的《崂山经韵》，也有全国通用的《十方经韵》。

崂山道乐经曲形成初期，是根据上古民歌、号子编成。西汉时期，当张廉夫来崂山建太清宫后，道经和经韵也随之产生。到了东汉末年，又采用了"五斗米教"道士张道陵的韵曲。南北朝时期，著名经学家张祖恭到太清宫创办"康成学院"，聚众讲学，传播经文与经曲，这是崂山较早的真正经乐始祖之一。

崂山道教音乐在中国道教音乐发展史中曾经占据一席之地。据地方志史料记载，崂山道乐自唐代时就极为发达，丘处机在崂山传教时曾赋《青玉案》一首，词中"长吟法事，浩歌幽韵，响遏行云住"的词句尽显崂山道教音乐当时的辉煌场面。

崂山道乐在发展过程中，有几个比较重要的时期和人物。

丘处机的《三涂颂》。南宋、金代时，龙门派道首丘处机（号长春子）到崂山各道场传玄讲道。丘自幼爱好文学、音乐，善于改革和创新。到崂山后，积极改革道规和各派的经乐。把唐代《三涂五誊颂》八首摘编合成一首《三涂颂》，成为宋以后崂山道乐曲牌中的精华。丘道士走遍全国四面八方，把崂山和十方道乐进行了广泛的交流。与丘处机同代的另一七真道首，太清宫道长刘长生，在创立随山派之后，静居太清宫数十年，除去著书和讲道外，又继承和发展了太清宫始祖张廉夫传下来的《十方经韵》，并加以改编，使这个崂山最大的经韵与其他教派和庵观的经韵有了明显区别。这里的经乐曲调清新幽雅，抒情性强。有浓厚的江浙昆越音乐色彩，太清宫这一独特的经韵被称为"南韵"。

南宋末年，七真道派均已确立，崂山的道派和宫观众多，道乐经曲内容相应地更加丰富，在全国已居首位。

谢太妃的《三清号》。南宋衰亡后，卫王的两太妃谢丽、谢安（姊妹俩）由浙江临安至崂山塘子观隐居修道。两谢在宫廷时就精通琴法音律，能演奏多种乐器；到崂山入道场后，更积极研究道乐，改革经韵曲牌，创编了系列曲牌和经韵，被后人称为《谢谱》。特别是由原《三涂颂》改编的《三清号》，是崂山道乐的精华部分，直传至今天。

明代万历十三年（1585年），太清宫道士耿义兰等在北京白云观跟王常月学得了不少中原、秦、晋地方戏曲音乐曲牌与十方道乐经曲带回崂山，充实了太清宫的十方道乐的内容。据《道藏源流考》载，万历皇帝将当时仅有的三部《道藏》敕赐给太清宫一部，共5305卷。另赐《万历续道藏》及珍贵的乐谱和精制的古琴30多张，使明代崂山太清宫及其他庙观的经乐韵曲又得到了进一步发展。

祭悼曲牌《离恨天》。明朝灭亡后，崇祯皇帝的两位妃子（又一说为宫女）养艳姬与蔺婉玉在宫廷提督太监边永清的带领下，到崂山百福庵潜居修道。她俩原本是宫廷御用乐女，精通音律，来百福庵后得蒋清山道士之助，精心研究道乐曲牌，积极开展外山应风道乐。她们创编的大型祭悼曲牌《离恨天》与《六问青天》《山丹花》等一直沿传至今天，为崂山道教音乐的发展作出了重大贡献，使崂山道教音乐名扬一时。百福庵也因此成为清代至民国年间的崂山道家应风乐中心，鼎盛时期曾吸引了全国各地的道士来此挂单学习道乐、经韵。

蒲松龄引入"俚曲"和弦子戏。清康熙年间，文学家、"俚曲"音乐家蒲松龄两次来崂山太清宫、上清宫、玉清宫、聚仙宫等庙访友旅居。还和道士共同研究琴法经曲。蒲松龄把临淄一带的俚曲与鲁南弦子戏引入崂山道乐，创作了道乐经曲《白云洞》、古琴道乐《方石风松》。此后，崂山道家有很多曲子中有明显的俚曲乐汇和弦子戏的段章。

蒲松龄，清代文学家，字留仙，别号"柳泉居士"，世称"聊斋先生"。淄川（今山东省淄博市）人。他一生留下的作品众多，有文集、诗集、词、杂著、戏曲、俚曲等。当然最使蒲松龄享有盛名的，还是他的短篇小说集《聊斋志异》。

据史料记载，清康熙十一年（1672 年）蒲松龄与同乡游崂山，看到了壮观的海上日出，而且目睹了难得一见的崂山海市。他写下了《劳山观海市歌》，为我们再现了崂山海市的真实面貌。不过，今人把蒲松龄与崂山联系起来的，主要是因为《聊斋志异》中的《崂山道士》和《香玉》两篇小说广泛传播、深入人心。

这两篇小说都以崂山为背景，据说蒲松龄来崂山时就在书亭里著书立说，其中《崂山道士》就是在这里通过亲眼所见，产生了灵感一气呵成。传说有一天晚上，皓月当空，清辉融融，与道观中的烛光交相辉映。蒲松龄正写得出神入化时，忽听三清殿内三声鼓响，一抬头，恍惚见一道士头一低，轻松地穿过了墙壁；定神看时，原来是送茶的道士。于是，蒲松龄写下了《崂山道士》中"王生穿墙术"的故事。他还以崂山上清宫白牡丹的传说和太清宫的耐冬为题材，写了脍炙人口的《香玉》故事，他笔下的花精富于人情。蒲松龄与太清宫的那株红耐冬，或者说蒲松龄与"绛雪"，已共同组成了崂山的一片奇丽风景，让我们身处其中时生出无限的遐思。郭沫若先生对蒲松龄有过"写人写鬼高人一等，刺贪刺虐入骨三分"的评价。另外，传说在《聊斋志异》中，还有《成仙》《聊斋志异》《聊斋文集》《聊斋诗集》《聊斋俚曲》《海公子》等故事都涉及崂山。

清代嘉庆、同治到光绪年间，崂山涌现出薛一了、韩谦让、庄紫阳等一批影响一时的道乐古琴大家，韩谦让同嘉庆年间的古琴演奏名家、太清宫道长薛一了并称"古琴界二杰"。直到民国初期，崂山古琴仍旧是山东古琴之翘楚，在全国古琴界占有重要地位。

道洽琴心韩谦让。韩谦让，字太初，清同治年间（1862—1874 年）入住崂山太清宫，其为人性情淑和，崇尚俭朴，薄己而厚人，并且深悟琴理，以琴悟道，是清代著名的古琴演奏大家，山东派古琴的代表人物，据传他演奏《山丹花》和《东海吟》，神奇迷离，技艺高绝，驻世 93 年后羽化，有门徒三十多名。

韩谦让曾任太清宫监院，友人为其堂题名曰"道洽琴心"，其徒弟每犯过错，韩谦让从不责罚，而是将其唤到身边，从容奏琴，直到徒弟被琴声打动，自己跪下承认错误为止。韩谦让在古琴方面的杰出造诣吸引了四方的来访者。光绪九年，曾任翰林院编修的尹琳基，来崂山太清宫拜韩谦让为师，一住 3 年。光绪三十三年（1907 年），时任山东巡抚的翰林杨士骧鼓琴技艺很有名气，他专到崂山访琴遨游。聆听了韩谦让的古琴技艺后，大为赞叹，留诗一首曰："我揖太清宫，道士善弹琴。访得韩道长，琴床伴龙眠。"对韩道长的琴技高度赞扬。① 韩道长和诗应答，可见当时太清宫古琴音乐是很有影响的。光绪三十四年（1908 年），衍圣公孔令贻带随从来到崂山，与韩谦让论道谈琴，深为投契。宣统元年（1909 年），翰林并古琴家岑春萱到太清宫访琴师韩太初，韩岑两人互相弹奏数曲，心潮澎湃，两人当时即兴创作了一首曲子，岑命名为《山海凌云》，岑为韩道士即席演奏。之后，在太清宫旁的石崮上镌刻"山海凌云"四字以为纪念。

至民国时，崂山道乐还存有三个派系：一是太清宫的十方韵，二是白云洞的崂山韵，三是百福庵的应风乐。

"文革"期间，崂山各宫观道众被遣返还俗，经韵道乐随之失传。1980年宗教政策恢复后，请回匡常修等五位道长常住太清宫，收徒传道，恢复道教生活。道士日诵早晚课均由匡常修传授，目前太清宫的经韵曲牌沿用地道

---

① 见《太清宫志》，卷十，《名人游山记》。

的金山派崂山韵曲，即俗称的崂山韵。这是崂山九大道派经韵中唯一幸存下来的一个完整无缺的道派音乐。

匡常修道长自 1985 年 3 月开始领导小道士们学习乐器，并允许学吹奏和拉奏乐器，这对崂山道场的传统习俗是一项很大的改革。为了发掘、继承和发扬崂山道乐这一宝贵的文化遗产，太清宫自 2006 年就开始不断地进行探索和尝试。2008 年 6 月，崂山道教音乐成功申报为第二批国家级非物质文化遗产。在市委市政府有关部门的协调帮助下，崂山太清宫克服了音乐人才和音乐专业上的不足，与青岛大学音乐学院等部门合作正式成立了崂山太清宫道乐团，整理排练出数十首道教音乐曲目。2009 年中华人民共和国六十周年大庆期间，崂山道乐团在八大关小礼堂举办了一场向国庆献礼的道乐公益演出，受到广泛好评。崂山太清宫道乐团举办了"太清水月"大型道教文艺汇演，并多次受邀参加了中道协主办的道教音乐节，2012 年还与太清宫经师班一起参加了武当山第四届玄门讲经和罗天大醮活动，展示崂山道教文化的独特魅力。

2000 多年来，崂山的道乐经过多次的改革与变动，曲牌的名称和使用范围在各庵宫观中虽各有特色，但都有统一的目的：一为敬神——每天诵念，年年拜唱，此乃道家的"功课"；二为"应风"——适应老百姓的风俗，设外坛"求雨""祭祀""度亡灵""祭孔""祭岳"等；三为练气功——道家练气功的主要方法是念（唱）经，因为经乐多半拖腔较长，它对练气功的作用比道士盘腿打坐还要大得多。

2. 道教武术

道教武术的由来。道教武术是道士们修行的基本功课之一，也是中华文化不可分割的组成部分。道家思想中的辩证法因素和道教文化中的阴阳五行、太极八卦、气功、经络穴道、丹田等理念，构成了道教武术的理论基础，形成了道教武术以柔克刚、以静制动、后发制人、借力打力、动静相宜、刚柔相济的特色。道教武术是中华武术的基础，为中华武术的形成与发展作出了突出贡献。道教习武也出于现实利益考虑，道观多在深山密林之

道士练武

中，道士们极易受到盗贼与猛兽的袭击，习武也是为了防身。所以，道教武术差不多与道教同时产生。

崂山道教武术是中国道教武术的一个重要门派，是崂山道教文化的重要支柱之一，与崂山道教音乐成为崂山道教"两大精髓"。崂山道教史上不乏武功高强之士，如：唐代华盖真人刘若拙，擅长武功，尤善气功；元代气功名道刘志坚，以轻功著称。全真七子之丘处机在明霞洞创造了一种剑术——龙华剑，使崂山武术有所发展。龙华剑以道家理论为基础，如《庄子·说剑》所云："应之以虚，开之以利，后之以发，先之以至。"崂山武术后经张三丰改进，糅以武当内家拳因素，形成了八卦步、形意劲、武当神的特色。此剑法经前太清宫道长匡常修传授，一直沿用至今。

崂山武术始祖张三丰。明代以来，道教武术多以张三丰内家拳为基础，形成了太极拳、六合形意拳、八卦掌、武当剑等武术种类。张三丰是武当内家拳的创始人。传说张三丰是因为偶见蛇上树偷雀蛋，雀与之激烈搏斗的场面而产生了灵感，从而发明了内家拳的基础太极十三势。内家拳以静制动、以柔克刚，上下翻飞、蜿蜒腾跃，行如蛇、动如羽的特点，正是由此而生。据《太清宫志》记载，张三丰为崂山道教祖师之一，是崂山拳术武当派之祖，开创了习武修道之行。崂山道教武术受到张三丰的亲自传授。据明代崇祯年间御史黄宗昌编撰的《崂山志》记载，张三丰一生三次来崂山，经其辛勤和艰苦卓绝的努力，将道教医学和内丹养生相结合，把在武当山练成的拳术、剑法、气功、点穴术等逐一传给崂山道士，并创立新的全真道派，其教义是练武健身、炼丹医病、道财兼施、济善于世、不畏强权、见义勇为、对老者要孝、对国家要忠、要有牺牲精神，从此为崂山道教及武术的发展奠定了基础。崂山道教界公认张三丰为崂山武术始祖。

崂山道教武术在明代张三丰来崂山后迅速发展，并达到高峰，使崂山成为湖北武当山之外的另一个道教内家拳习练中心。崂山道士们内外兼修、崇侠尚武之风也由此形成并代代相承。

崂山道士协助抗战。抗战期间，崂山道士们积极协助抗战，以太清宫作为抗日武装军事干部及保甲长训练的基地，以白云洞为修械所，以太平宫为军需品粮秣库，许多道士为抗日献出了生命。1939年3月，日军"扫荡"崂山，在白云洞翻出旋床及其他制造枪械的工具器物，敌人即焚毁殿宇，并将捕获的6名道士杀害。据李先良后来回忆，当时太清宫里面有30多个道士，他们武艺高强，在日伪军来袭时，都能从容应付。道士们积极宣传游击队神威，把抗日武装说得神通广大，使敌人心惊胆战而不敢以少数部队在山里逗留。他们还把游击队来不及撤移的伤兵和被服器械掩藏得严严实实。在敌人退走后，游击队又能从道士口中得知敌人行动的消息，抗日游击队称道士们是"我们最优秀的情报队员"。崂山道士的爱国情怀可见一斑。

匡常修与崂山道教武术。在崂山道教武术的发展历程中，已故的当代道教大师、崂山太清宫监院、道教内家拳的代表人物——匡常修道长作出了巨大贡献。他自幼喜武好道，8岁开始习武学医，先后跟随当地拳师学拳习武。26岁于崂山白云洞出家修道。匡常修的师祖李师庆道长、师父匡真觉道长

匡常修教徒

都是武林高手。匡常修得师祖、师傅的真传，以武当内家功法为主，中国传统武术为辅，同时又将他少年所学各地武术精华融汇为一体，上承张三丰祖师之余绪，发展和创新了道家武学，开创了武当崂山派系，即"崂山道教武术"，包括"崂山玄功拳""崂山玄真拳""崂山龙华拳""崂山龙华剑"等拳术套路及刀、枪、棍等器械套路，全套为七十二趟，还有对打、截打、转打、连打等功法。它的主要特点在于"擅长腿法"，其腿法变化万千，拳法则以柔为主，柔中有刚，刚柔并济，素有南郭（武当派郭高一），北匡（崂山派匡常修）之称。匡道长主张冬练三九，夏练三伏，拳不离手，精益求精。同时他还结合道教医学、内丹学、养生学的成果，将武术技击和健身术融为一体，讲究经络穴道，以养身、练功、防身保健为宗旨，以练好坚实内功为根基，以气发力，借力打力，提高了武术延年益寿、祛病御疾的功能，具有重要养生健身价值。在研究与练习的同时，他悉心培养弟子，大批文武双全的道士在崂山成长起来。

道教武术的当代传承。随着现代社会的发展，中国道教的信仰整体水平衰落，年老的道教武术传承人越来越少，崂山道教武术这一历史瑰宝濒于失传，加以保护已迫在眉睫。令人可喜的是，2008 年，崂山太清宫成立了山东省首个道教武术团——崂山道教武术团，团长匡如湖即是匡长修道长的嫡孙。2010 年 4 月，崂山道教武术已入选第二批省级非物质文化遗产名录。2012 年 11 月，匡道长之孙匡如湖又入选崂山区第一批区级非物质文化遗产项目代表性继承人。随着保护力度的加大，相信不久的将来，崂山道教武术会走向全国、面向世界。

3.道教养生

道教是我国本土生长的宗教，崇尚自然，主张通过加强自身修炼以求长生不老。而许多道教高人都是长寿者，如：张廉夫、李哲玄、耿义兰等世寿都在百岁以上；而刘若拙则寿高体健，"不知其年"；张三丰更是被传为世寿 200 多岁。不论传说是否真实，但是道教善于养生，而且有一套系统的养生理论却是事实。

太清宫高明见道长介绍：道教认为，养生实际上也是一种生活方式。所谓的养生，就是寻找一种适合自己的生活方式。时至今日，道教的养生术已经普及人们生活的各个层面，如养颜术、气功、按摩、导引、药膳、内家拳，甚至许许多多的养生小窍门等。当然，这些还仅仅限于养生术的范围，而实际上，道教的教义还包括道教徒对于人、对于人和自然、精神和肉体等等的认识。

道教养生的重要思想。道教养生有三个重要的思想，即天人合一、形神俱备和众术合修。

"天人合一"是道教养生术的重要思想，也是道教养生的最高境界。道教将"天人合一"作为自己的宇宙观，将人身视作一个小宇宙，追求小宇宙同身外的大宇宙的配合一致，并将大小宇宙的统一作为"返归自然"的目标，这就是道法自然。"我命在我不属天地"是道教养生文化中的精华。以主动、积极的态度寻求长生途径，使自身的小宇宙积极地配合大宇宙，以得道成仙。

形神关系是道教养生哲学的重要命题。道教讲究形神俱备，也就是性命

天人合一

双修。所谓神（或性），指的是人的精神、心态、思想、意识等心理层面的东西；所谓形（或命），指的是人的肉体、气血、身体功能等生理层面的东西。道教认为人的生命不仅仅是肉体的生命，而是包括生理、心理和灵魂三个层面。所谓生理就是我们的肉体，心理就是我们的思维，灵魂就是我们的精神、信仰和道德。道教养生不仅仅是身体健康，主张功行两全，性命双修，重在德行的培养，行善才能得道长寿。

一个人的生理健康是心理健康的基础，但是反过来讲心理健康是生理健康的重要条件，一个人的心态平和了，生活才会愉悦；精神超越了，气质自然脱俗；思维不停止，生命当然会得到延长。因此，道教始终认为神形相守就可以长寿，因而在养生实践中，既注意锻炼形体，又注意精神的健康。对今天的健康理念很有益。

　　道教养生术是一门综合的学问，内容涉及守一、存思、导引、吐纳、胎息、服食、外丹、内丹、房中、起居等方方面面。而最重要的一点就是要做到内修外行，指的是道教徒在为修炼自己形神，以求长生成仙的时候，也要求具备积善立功的道德修养，并将忠孝和顺仁信作为道德修养的核心，多行善才能成仙。它将养生方术同人的社会活动结合在一起，并且认为道德行为同养生实践有密切关系的思想，对于今天也仍然富有启迪意义。

　　道教养生方法在历史上流派和类别甚多，以现在人们普遍关心的饮食养生和生活起居为例。

　　道教的饮食养生，主张："药补不如食补。"说明饮食营养是身健体康的根本。在古代养生家看来："毒药攻邪，五谷为养，五果为助，五畜为益，五菜为充，气味合而服之，以补益精气。"就是说，药物的作用只在"攻邪"，而人的机体要得到补益，精气要获得充实，必须服用"五谷""五果""五畜""五菜"。所以，人们必须不断地摄取营养以求健康长寿。孙思邈指出："安生之本，必资于食"；"不知食宜者，不足以生存也。"但是，吃的东西并不是越多越好，也不是营养成分越高越好。这里面有一个比例，就是"肉为君，菜为臣，饭为民"，肉蛋少吃，饭菜多吃。道家饮食养生还推崇食而有节制，不能暴饮暴食，"食勿求饱"，每餐六七成饱就可以了。

　　道教饮食养生术首先要求饮食的清淡。并不是像今天人们所理解的那样一个劲地补，补药补品补过了反遭其害。"人之道损不足以奉有余"，那是不符合天道自然的。另外，饭后不宜坐卧，"饭后百步走，活到九十九"是有科学道理的。

　　道教养生还要求人们应该定时进餐，按时睡觉，养成习惯，习惯成自然。佛教有一则公案，说的是有源禅师问慧海禅师："和尚修道还用功否？"师曰："用功。"曰："如何用功？"师曰："饥来吃饭，困来即眠。"曰："一切人总如是，同师用功否？"师曰："不同。"曰："何故不同？"师曰："他吃饭时不肯吃饭，百种须索（思虑）；睡时不肯睡，千般计较。所以不同。"

　　道教的日常起居养生范围很广，几乎涉及人们日常生活的衣、食、住、

葛洪像

行、坐、卧、社交，从身体到精神等各个方面。其包含的内容：一是避免伤害身体，是道教日常养生之道的基本原则。葛洪在《抱朴子极言》中引《仙经》云"养生以不伤为本"，并认为"此要言也"。二是摄养形神，是日常起居养生中的主要内容。亦即从身体到精神两个方面去积极养生。道教养生学主张以静养神，以动养形。三是生活保健，《养性延命录》指出："久视伤血，久卧伤气，久立伤骨，久行伤筋，久坐伤肉。"四是坚持炼养，就是坚持气功导引等术的积极锻炼。葛洪认为"勤能致寿"，这些理念对于提高现代人的生活质量意义重大。

道教养生理念与中医一致，正所谓"十道九医"。例如道教将《黄帝内经》视为养生的经典，许多古代名医均出自道家（如孙思邈）。总之，养生要遵循自身的客观规律，根据自身的性格体质特点，创造适合自己的养生修行之道，这样才能与天地争寿，实现道法自然的境界。

三、崂山名道

1. 开山始祖张廉夫

张廉夫，字静如，号乐山，江西瑞州府高安县人。据崂山《太清宫志》记载，其人当属西汉时栖居崂山方士，官至上大夫，因碍权要，弃职入道，精研玄学。初到终南山学道数载，得道后开始遨游天涯。西汉建元元年（前

140 年）张廉夫来到崂山，在今
太清宫一带筑茅庵而居，自称乐
山居士。开山垦田，自食其力，
传道授徒，潜居修行。先后建
三官庙和三清庙，后将庙宇交由
弟子管理，自回江西，居于鬼谷
山，又屡来崂山，云游东海诸名
胜。年逾百岁仍鹤发童颜，精神
不衰，后不知所终。张廉夫在崂
山创建庙庵，开展道教活动的时
间，距离张道陵创立天师道（142
年），即道教正式创立的时间要
早 282 年。准确地讲，张廉夫所
信奉的当属道教的前身，即风靡
两汉时期的黄老道。张廉夫被奉
为崂山太清宫的开山始祖，成为

张廉夫像

崂山道教十大道首之一。而崂山也成为中国道教的发祥地之一。

公元 142 年，张道陵在四川鹤鸣山创立天师道，以《道德经》为祖经，
奉老子为教主，完成了从黄老道到道教的转变，并逐渐发展壮大起来。而以
张廉夫为开山祖师的崂山道教由于地理位置过于偏僻，几乎与世隔绝，致使
在自汉至唐的千余年间，除了散见于《道藏》、史籍和地方志零星的方士采
药炼丹的记载外，几乎没有多少史料记载。

2. 第一位受敕封的道士李哲玄

李哲玄，字静修，号守中子，河南道陈留县（今河南省兰考县）人。
生于唐代大中元年（847 年）。"十五岁场试中选，旋登进士及第。"可李
哲玄无心于仕途追求，入罗浮山（今广东东江北岸）学道。罗浮山是隋唐
时期道教内丹家的发源地。李哲玄在罗浮山潜修十多年，深得内丹术之

李哲玄像

玄妙。

唐昭宗天祐元年（904年），李哲玄来崂山修炼，留住于太清宫，筹资建三皇庵。在太清宫带领道众苦心经营，广修庭苑，拓荒植树，使太清宫面貌焕然一新。

后周广顺三年（953年），李哲玄云游至京师，时值大旱不雨，灾疫流行，李哲玄悬壶济世，救人无数，被誉为神医。后奉周太祖郭威诏在京城祈雨，果有应验。太祖厚赐李哲玄，李坚辞不受，遂敕封为"道化善济真人"。"真人"指修真得道的仙人，李哲玄是崂山道教历史上第一个受到皇帝敕封的高道。

李哲玄晚年一直在崂山修行，周世宗显德六年（959年）在太清宫逝世，"享世寿百十有五"。李哲玄寿高体健，与其修习内丹关系密切，他居崂山数十年，对崂山道教内丹术的发展作出了极大的贡献，被尊为崂山道教十大道首之一。

3. 华盖真人刘若拙

刘若拙，号华盖真人，五代道人。据崂山《太清宫志》载："五代时，后唐同光二年甲申（924年），道人刘若拙，自蜀来崂山太清宫，访李公守中子（即李哲玄），相谈契合，遂留住焉。"刘若拙访到李哲玄，成了知音，并拜为师，决意留住崂山。当时崂山地处海隅，人烟稀少，是老虎的"乐园"，虎患频发。刘若拙到崂山之初，就在太清宫东南山前，今钓鱼台北的阳坡上，自建一茅庵，名曰"驱虎庵"，供奉老子像，潜心修行，伺机捉打猛虎，为民除害。

据元代张起岩撰崂山《聚仙宫碑铭》所述：宋太祖赵匡胤"陈桥兵变"夺取皇位以后，为笼络名士，粉饰太平，"尊奉"起道教。当闻知刘若拙有道，且与其有旧，便于建隆元年庚申（960年），召至东京汴梁，敕封为"华盖真人"，留京谈玄布道。由于刘若拙留恋崂山，不久就获准返回崂山。宋太宗改元太平兴国后，秉承太祖遗命，敕建太平宫，因道院落成于"太平兴国"（976—984年）年间，故名"太平兴国院"。刘若拙在《入觐回崂山》一诗中，记述了他奉诏入京及奉命建宫的情形："东来海上访道玄，幸遇一见有仙缘。宋朝天子丹书诏，奉命敕修道宫院。海角天涯名最胜，秦皇汉武屡敕奉。古来游仙知多少，元君老子初相逢。"

太平宫落成后，辅以上清、太清二宫为别馆，四方人士闻风求道者踵至。此处遂成为崂山道教大丛林。刘若拙在这里广收门徒，精心传道，闻名天下，对崂山道教的发展作出卓越贡献，被誉为崂山道教十大道首之一。

据黄宗昌《崂山志》记载：刘若拙丹颜皓首，不自知其年。他武艺高强，

华盖兴道

尤善气功，冬夏不冠不履，不炉不扇，敝衣掩形，体质如铁。宋淳化三年（992年）刘若拙羽化于即墨，他的高徒甄栖真主持庙事，并择地将他葬于即墨城东关的高真宫前，也就是今东关小学院内。

刘若拙墓是青岛市级文物保护单位，也是青岛地区由宋元时期保留下来的唯一的一座道教墓冢。此墓建于北宋，元、明两代重修。墓前立一石碑，正面镌书："元敕封华盖刘真人之墓"；右款："明万历二十年八月一日"；左款："知即墨事关中李奎立。"碑高1.7米，宽0.7米，厚0.18米，嵌底座。墓冢两侧各立小墓一座，传为刘真人弟子之墓。为了保护好墓冢与墓碑，有关部门于1986年5月建立了碑亭，并在墓周围砌筑了围墙，立以园门，与校院隔离独成墓园。墓园虽小，但在浓荫遮蔽之下，仍显得幽古寂深，颇合道家清净之规。

4.全真派鼻祖王重阳

尽管史料没有王重阳到崂山的记载，或者说他与崂山几乎没有多少交

刘若拙墓

集，但是他创立的全真教对崂山的影响却相当大。崂山道教在丘处机之后，几乎全归于全真教名下。而且王重阳仙逝后，其弟子全真七子和全真教的各派传人先后到崂山传道修炼，使全真教声望大振。

全真教又称全真道或全真派，是金元时期出现的最大、最重要的道教教派。元代以后，它与正一教双峰并峙，成为道教最重要的两大教派。全真教的开山鼻祖，就是金代道士王重阳。

王重阳（1112—1170 年），咸阳（今陕西咸阳）人，入道后改名王喆，字知明，号重阳子。王重阳出生于一个家业丰厚的庶族地主家族。自幼聪颖好学，孤傲不群。他虽然精通经史，却生不逢时，求取功名屡遭挫折，心情十分痛苦。就在王重阳感到前途渺茫之时，听说卫州道士萧抱珍因创立"太一教"名扬天下，沧州道士刘德仁创立的"大道教"同样受到金廷的重视。这个消息深深地刺痛着报国无门的王重阳的心，整天痴痴地，两眼直勾勾地望着天空一动不动。人们以为他疯了，都叫他"王害风（疯子）"。

王重阳毅然弃家云游流浪，靠一路乞讨来到真仙高道辈出的终南山，在山环水抱的南时村外僻静之处造了一间茅庵，起名"活死人墓"，开始在此穴居修行。从此，王重阳无拘无束，自称"王害风""活死人"，整天蓬头垢面，放浪形骸。两年后，王重阳填埋了"活死人墓"，迁到刘蒋村盖茅庵继续修炼。经过整整 7 年的苦苦思索，终于悟明一个道理：不论是儒教的"理"，禅宗的"性"，还是道教的"命"，归根结底都是"道德性命之学"，都离

王重阳像

不开"大道"。因此，他要创立一种融会贯通三教的"性命之道"即"全真道"。主张克己忍辱、清修自苦的禁欲苦行精神和严执教规的教风。为此，他改名王喆，号重阳子，"重阳"之意，就是去掉一切阴气而免于生死之轮回，追求个人精神的解脱。

传说他在甘河镇一个小酒铺内遇到两位仙人化身点化，授他修炼的秘诀，二仙就是钟离权和吕洞宾。金大定七年（1167年），王重阳根据师父吕洞宾所言，一把火烧掉了茅庵，决意去东海投谭捉马了，开始了创教收徒的生涯。

王重阳到了山东，相继在文登、宁海、登州、莱州等地传教，很快赢得了信众。他第一个度化的弟子马钰，出身地方大族，一表人才，重义轻财。马钰为王重阳建了庵堂，请他居住。后来王重阳将此处命名为"全真堂"，全真教的名字由此而始，凡入道者都被称为"全真道士"。以后马钰抛弃了万贯家产，与妻子孙不二一起皈依全真教，双双成了王重阳的弟子。

不久，又有一位宁海人谭玉归到王重阳门下。谭玉为人慷慨重孝义，后因中风瘫痪，投医问药均无好转，听说王重阳道行高深，便拄杖前来求治。夜晚天寒地冻，屋内无火，王重阳伸出脚，让谭玉抱在怀里，一会儿便觉暑热难当，身上大汗淋漓。等到下床，谭玉不仅腿疾好了，而且身体轻捷，奔走如飞。谭玉心悦诚服，遂拜王重阳为师，改名谭处端，号长真子。王重阳收了马、谭二人，正应了吕洞宾所说的"投谭捉马"。

当地还有一个郝大通，厌恶仕途，精通《易》理，擅长卜卦占巫之术。经王重阳一番指点，郝大通终于大彻大悟，拜王重阳为师，改名郝璘，号恬然子。

此后，王重阳又陆续收了刘处玄、丘处机、王处一等人，世称"全真七子"。王重阳对弟子们说，所谓"全真"就是"全其本真"即保全作为人性命之根本的精气神三要素，使其不受污损。

金世宗大定十年（1170年），王重阳把马钰、刘处玄、谭处端和丘处机4人召到榻前，一番嘱托，便溘然长逝，享年58岁。马钰等将师父灵柩送回陕西，葬于刘蒋村茅庵故址，结庐守墓3年，然后四方传道。后五十余年，丘处机曾被元太祖召见，赐号"神仙"，命其掌管天下道教，使王重阳开创的全真道盛极一时。后来，元世祖知道了王重阳开创全真道的事迹，特封他为"重阳全真开化真君"。元武祖又加封他为"重阳全真开化辅极帝君"。

5. 随山派始祖刘处玄

刘处玄，生于金熙宗皇统七年（1147年），世居莱州武官庄，幼年丧父，与母亲相依为命。他事母至孝，喜清静而恶繁华，素有出尘之志，都因老母阻挡而作罢。金世宗大定九年（1169年）二月，刘处玄在邻居家的高墙之上、人所不及处见有诗二首，末两句是："武官养性真仙地，须作长生不死人。"处玄见时，墨迹犹新，知必是高人所为。同年9月，王重阳带弟子来到莱州，遂拜在门下，成为王重阳的关门弟子。赐名处玄，字通妙，号长生子。

金大定十年（1170年）正月，王重阳仙逝，马、谭、刘、邱四弟子将师傅安葬，并结伴守孝3年后，刘处玄便随谭处端去洛阳开始苦修苦行。居洛阳期间，为了磨炼心性，增强修道的信念和毅力，他常出没于市井杂沓之处，锻炼自己处乱不惊的定力。他曾3年不发一言。7年后，道功大成。

金大定二十五年（1185年），刘处玄39岁时，继任全真教掌教之位。金章宗明昌六年（1195年），刘处玄与丘长春一起游崂山，丘长春很快离去，刘处玄则独留太清宫，讲授经典，创建随山派，使太清宫由此归宗于全真随山派，被尊为崂山道教十大道首之一。

刘处玄像

刘处玄一生致力于道学研究，著有《道德经注》《黄庭经注》《阴符经注》《清静经注》《至真语录》《仙乐集》等著作。至元六年（1269 年），元世祖赐其为"长生辅化明德真人"，后元武宗又加赐"长生辅化宗玄明德真君"封号。

6. 长春真人丘处机

丘处机，又作邱处机，字通密，号长春子，栖霞（今山东省栖霞县）滨都里人。他生于宋绍兴十八年（1148 年）的农历正月十九日，因家境贫寒，未尝读书，但天资聪慧，气宇不凡。金大定六年（1166 年），年方 19 岁的丘处机即抛舍红尘，赴宁海昆嵛山修道。翌年 9 月，拜王重阳为师，自此，在师傅的督导下，丘处机刻苦学习，日记千余言。终于成为名扬天下的全真道北七真人之一。

丘真人像

金大定十四年（1174 年），丘处机与师兄马钰、谭处端、刘处玄为师傅守孝 3 年后，去陕西碚溪苦修六年，后又去甘肃龙门潜修七载，13 年艰苦修行后道功大成，创立全真道龙门派。金章宗明昌二年（1191 年），丘处机东归栖霞，在其故乡修建滨都观，并在登、莱、宁三州弘扬全真道。倡导"摒恶行善""恤苦救民"，深受民间拥戴，声望与日俱增。

丘处机曾三次到崂山游观布道。南宋庆元元年亦即金明昌六年（1195 年），丘处机同刘处玄等首次由昆嵛山来崂山太清宫等处传道谈玄，道众大悦，但因事旋即离去，并在太清宫三皇殿后之巨石上留有诗刻 10 首。这是

丘真人诗刻

他的第一次崂山之行。金章宗泰和三年（1203 年），刘处玄仙逝，丘处机继任全真掌教。金泰和八年（1208 年），丘处机自昌阳（今山东省莱阳市）醮罢，转道再游崂山，吟诗 20 首，并将崂山改名"鳌山"，这 20 首诗于同年3 月镌于白龙洞额之上。金大安元年（1209 年），丘处机又自胶西（今山东省胶州市）醮罢，应崂山道众之邀三游崂山，上至南天门，作"青玉案"词一首，镌于上清宫石上，以记崂山之游。复题诗二十首，镌刻于上清宫和太清宫。

丘处机生活的南宋金元时期，宋、金、蒙古三方纷争，战乱不止，而处于交战拉锯地区的山东一带饱受战乱之苦。而尽力争取在山东地区有重要影响的全真道的支持，就成为南宋和金、元统治者极为看重的事情。丘处机作为全真教的掌教，对接连遭受战祸和饥荒、瘟疫之苦的百姓生活的惨状极为忧心，也迫切希望能够尽快实现统一，以结束战乱之苦。他审时度势，在南宋、金和蒙古之间，将一统天下的希望寄托在蒙古身上，并婉拒了金和南宋政权的征召。

丘真人衣冠冢

元太祖十四年（1219 年），成吉思汗遣使臣刘仲禄悬虎符征召，表达了对丘处机的仰怀之情，并盛情相邀。丘处机慨然应允，以年逾古稀之高龄率领十八弟子自莱州启程西行，不辞风沙险阻，历时 3 年，行经数十国，历程万余里，于元太祖十七年（1222 年）抵达大雪山（今阿富汗境）。成吉思汗对于丘处机的万里觐见非常感激和高兴，隆重地接见了他。当时成吉思正大行攻战，丘处机乃进言："天道好生而恶杀，止杀保民，乃和天心。顺天者，天必眷佑……"；治天下当以"敬天爱民为本"；长生以"清心寡欲为要"。对于丘处机所进言，成吉思汗非常重视，此后，确实收敛了杀心，减少了野蛮杀戮行为。在丘处机被获准东归后，成吉思汗特授赠其虎符和玺书，封为"神仙"，令其掌管天下道教，并免除道门赋役。其后，成吉思汗又屡次加恩，给丘处机下发了四道圣旨：赋予丘处机在汉地弘扬全真道的权力、在其辖区内随处建立道观的权力和掌管天下道教的权力。丘处机抓住时机，着手开始其"立观度人"的伟大计划。他广开教门的目的不只是为了发展全真道，而且为了拯救饱受战乱之苦的中原士庶，让他们能够托迹全真道，免于赋役和战争的杀戮。此举对于保全民族文化与民众生命具有重要作用，是有功于民族社稷的英雄之举，值得后人怀念。

元太祖十九年（1224 年）春，丘处机到达燕京天长观，因丘处机主持于此，遂改名长春宫（今北京白云观）。自丘处机东归以后，全真道大兴于天下，全真七子的门人弟子纷纷来崂山建宫立院，使崂山逐步取代了昆俞山，成为全真道在山东的传教中心。其本人也被尊为崂山道教十大道首之一。

南宋宝庆三年（1227年）农历七月九日，丘处机逝世，世寿80岁，遗骸葬于白云观处顺堂。在崂山上清宫前也筑有他的衣冠冢，名为"丘祖坟"。元世祖时加封为"长春演道主教真人"，后武宗加封为"长春全德神化明应真君"。丘处机著述颇丰，主要有《大丹直指》《摄生消息论》《磻溪集》《鸣道集》及《西游原旨》等传世。

7. 刘志坚苦修成道

刘志坚，号云岩子，山东博州（今聊城）人。自幼不通文墨，但办事干练。他于32岁时弃家入道，初以东平县仙天观道士郭至空为师，后辞别师傅云游山东各地，及到崂山时，见此地景色殊异，云光变幻，恰似梦中向往之地，于是心下大喜曰："我与此山有缘"，遂居于崂山西麓之华楼山碧落岩下，于虎狼出没之地建庵潜修，在此成道。

刘道士是当时的气功名家，他当年常在石崖上打坐修行，深涧之上有大树，先是背靠大树，后来面向大树背临深涧打坐练功。一日坐至夜深时昏昏欲睡，忽然坠下深涧，竟毫发未损，于是声名远扬，说"有神保佑护身"，被称为"刘神仙"。元大德八年（1305年），刘

刘志坚墓

志坚被敕封为"崇真利物明道真人"。

大德九年（1306年）四月十七日，刘端坐而逝，时年65岁，葬于崂山凌烟崮，当地官吏百姓自发而来送葬者甚众。刘志坚去世20年后，其门人拟在其结茅庐处建华楼宫。其弟子黄道盈亲自到京都，恳请大学士、光禄大夫赵世延为刘志坚撰写碑文，作《云岩子道行碑》，记述其苦修的一生。碑文中引用了刘志坚的一首自述诗："三十二上抛家计，纵横自在无拘系。来到崂山下死功，十年得个真力气。"真实地再现了他讲求真实的气功，注重修行实践，苦炼成道的生涯。元泰定三年（1326年）华楼宫创建时，将这座碑立于宫内院中，碑文今仍存，其中详细记述了刘志坚之生平事迹。

8. 隐仙始祖张三丰

张三丰，《明史·方技传》有记载，张三丰为辽东懿州人，名全一、君宝，号三丰。因其不修边幅，又号张邋遢。其形貌则高大魁伟，龟背鹤形，大耳圆睛，身长七尺，须髯如戟，丰神奇异，仪表不俗。

对于张三丰的生卒年月，一直是不解之谜。但一般认为他生于南宋淳祐丁未年（1247年），早年拜碧乐宫住持张云庵道长为师，7年后，辞别师傅回家专修儒业，所读经书皆能过目成诵，堪称神童。18岁时，由于得到平章政事廉希宪的赏识，曾做过一段时期的知县。但他对做官并没有兴趣，于是，"乌纱改作道人装"。张三丰一生仙踪不定，有人说能一日千里，足迹遍布名山大川。

张三丰的出名，与其他高道不同，他是以隐而著名，愈名愈隐，愈隐名气愈大。他的隐仙风范，真正体现出全真道的修炼风格。张三丰以后，形成了以他为祖师的隐仙派，其本人也成为继吕祖以来最负盛名的活神仙。相传明太祖朱元璋闻听张三丰已经120多岁时，数次遣使者寻觅不得。朱元璋去世后，明成祖朱棣多次遣使寻访，数年不遇，于是派人动用民夫30余万人，耗资百万计大修武当，并赐额"大岳太和山"，以待张三丰。同时命正一道士孙碧云在武当山专门迎候张三丰，并写了一封亲笔信，表达仰慕真仙之

意，但始终不能如愿。直到明朝第
四个皇帝英宗时，仍在苦苦寻访张
三丰，终不知其所终。明英宗赐诰，
封为"通微显化真人"。成化二十二
年又特封为"韬光晦志真仙"，嘉靖
四十二年再加封为"清虚元妙真善"。

　　据说张三丰青年时代便来到崂
山洞居修行十余载，后云游天下，
遇火龙真人得传大道。元泰定元年
（1324 年），张三丰在武当山面壁修
炼，并创内家拳术。元惠宗元统二
年（1334 年），张三丰二入崂山，居
于驱虎庵、明霞洞等地多年，今明
霞洞北上有一洞，名"玄真洞"，为
张三丰修炼处，洞口镌"重建玄妙真
吸将乌兔口中存"之句，传为三丰
手书。至正六年（1346 年）离崂山
前往青州云门山。明永乐二年（1404

张三丰像

年），张三丰自青州三来崂山，居于乡民苏现家中，当时崂山山区无耐冬花，
张三丰自海岛移来一株，植苏现家中，后渐繁殖，今崂山各处皆有这种名为
山茶的耐冬花。住崂山期间，张三丰将内家拳术传授道士，成为崂山武术的
祖师。传闻张三丰最终羽化于崂山，今崂山北部三标山有"邋遢石"，太清
宫东部崂山头有张仙塔等与张三丰有关的名胜。

　　张三丰不仅修道有成，而且不阿权贵、特立独行、疾恶如仇、乐于助
人，其灵异事迹极多。其个人生活则极为清苦，不论寒暑，一蓑一衲而已，
衣不蔽体，食不果腹，或三五日一餐，或两三月一食。世人皆以为苦，而三
丰独以为乐事。尝有诗道："野步安闲真福地，山居快活即壶天"。"从今打

破是非门，翻身跳出红尘外。拍手打掌笑呵呵，自在自在真自在。"真正是一个无拘无束、快乐逍遥的活神仙。

张三丰不但创造了独成一派的内家拳术，而且其丹功修炼出神入化，又是一位道教大学问家，留下了众多的内丹著作，收集在《张三丰先生全集》中。张三丰的到来，是崂山道教史上的大事，《太清宫志》称他为崂山道教十大道首之一。

9.鹤山派掌门人徐复阳

徐复阳，字光明，号太和子、通灵子，大明莱州府掖县（今山东烟台莱州市）人。幼年双目失明，元朝元统年间流落于即墨鹤山，欲拜李灵仙为师（李灵仙，名来先，号疑真子，系丘祖龙门派传人，曾得张三

徐复阳像

丰真传）。其师为考验并锻炼其心志，将九枚（也有十二枚、三枚说）铜钱掷于水流湍急、荆棘丛生的深涧中，令其寻回。徐复阳不分昼夜，不顾寒暑，不畏艰险，全神贯注地在涧中寻摸铜钱，历经三载，终于把铜钱摸了回来，他的眼睛也因而复明。于是"摸钱涧"这个名字便流传了下来。深涧摸钱的传说，至今仍为当地乡民津津乐道。摸钱涧的荆棘刺朝上长，传说那是徐复阳摸钱时一把一把摸上来的，荆棘刺的尖儿是红色的，传说那是徐复阳双手的鲜血沾染的。徐复阳在遇真宫刻苦修道，双目神奇般复明。成为"锲而不舍、金石可镂"的楷模。

复明后的徐复阳先在遇真庵面壁

九年，又至明霞洞和太清宫潜修，功成后又回到遇真庵，创龙门支派"鹤山派"。元顺帝闻之，曾召见并赐斑斓之衣（紫衣），后不知所终。一说徐复阳于明嘉靖三十五年（1556 年）世寿 80 岁飞升，其飞升遗迹、墓址、摸钱洞等胜迹今犹存。被皇帝敕封为"中元永寿太和真君"，成为崂山道教十大道首之一。

10.紫阳真人孙玄清

孙玄清，号紫阳，又号金山子、海岳山人，明山东寿光人，生于弘治九年（1496 年）八月二十二日（一说弘治十七年）。幼年双目失明，遂出家为僧。嘉靖初年，孙玄清辗转来到崂山明霞洞，弃释入道，拜明霞洞道长斗篷张为师，成为全真龙门派第四代传人。苦修 20 年后，道功大进，双目不治而复明，于是名声大噪。

其时恰值明世宗嘉靖皇帝宠道炼丹，派官差在全国范围内广泛收集道书丹经。孙玄清得此信息，认为宏道时机来临，遂毅然辞别师尊，于嘉靖三十七年（1558 年）应诏进京，挂单于白云观坐钵堂 1 年，其间广为著述，并进呈皇帝御览，以道学修养震动朝廷。同时，又因祈雨有验，被敕封为"护国天师府左赞教主紫阳真人"。明代隆庆三年（1569 年）六月二十六日，孙玄清羽化于崂山上清宫，年 73 岁。文渊阁大学士、太傅翟銮曾为之题诗吊唁，诗刻于明霞洞处。

孙玄清在崂山上清宫、明霞洞苦修五十余载，"大悟千百遍，小悟不可以计数"，创立了全真龙门支派"金山

孙玄清像

派",以明霞洞为祖庭。明霞洞左侧镌刻有《孙真人紫阳疏》成篇石刻,又称《海岳修真记》,该刻石占明霞洞巨石之大半,字尚可扪读,疏中述孙玄清事迹甚详。孙玄清也被尊为崂山道教十大道首之一。

11.金辉始祖齐本守

齐本守,字养真,号金辉,又号逍遥子,浙江杭州钱塘县人。性静默,厌世俗。明万历年间,随其师白不夜由山东寿光来崂山,尽览崂山之胜景,至太清宫西北天门后(上清宫南),见这里两峰峙立,并有丘长春真人之题刻,更见该处之先天庵幽静绝尘,遂留居于此。潜居修道30年。齐居先天庵垦荒种地,自食糠秕,供他人米粮,同居道众,深为敬佩。其时,为新建先天庵,齐道人节衣缩食、亲事操劳,用21年的时间,亲手增修殿宇三间及配房两间,其用心之刻苦、作务之劳累为常人所不能忍受。

齐道人创龙门支派金辉派,晚年曾居于太清宫。先天庵倾废后,其门

齐本守像

人弟子皆入太清宫居住,故太清宫一度曾作为金辉派、鹤山派、随山派共居之道观。壬戌年春正月(1622年)(也有一说壬寅年1602年),齐道人仙去。后被敕封为"上元普济道化真君",被尊为崂山道教十大道首之一。

12.扶教真人耿义兰

耿义兰,字芝仙,号飞霞,又号灵应子。高密人,生于明正德四年(1509年)九月十八日,嘉靖年间进士,后弃家入道,从师太清宫道士高礼岩,去华山北斗坪挂单10余年,拜赵景虚学道说法。后入京都白云观丛林,参

访道理玄学。不久即归崂山，隐
居慈光洞、黄石宫等处静修。

耿义兰像

万历二十八年（1600 年）朝
廷降旨毁寺复宫，并斥巨资重修
太清宫。为嘉奖耿义兰护教之
功，敕封耿义兰为"扶教真人"。
皇帝又赐《道藏》一部为镇山之
宝。并钦御伞御棍，金冠紫袍，
永镇太清宫道场。万历三十四年
（1606 年）十月十五日耿义兰飞
升，年 97 岁（一说 110 岁），葬
于三皇殿前，今太清宫三皇殿西
厢为"耿真人祠"。太清宫道士为
怀德不忘，曾作诗云："风霜耐尽
故人亡，海角名标万古香。若是
天涯无耿子，穹苍何处设仙乡。"[①] 因而也被尊为崂山道教十大道首之一。

崂山与道教。青岛崂山，是中国 1.8 万公里海岸线上海拔最高的山脉，
兼之崂山位于古代神仙方术盛行的齐东海滨，人迹罕至，更增添了神秘色
彩，备受帝王将相、文人墨客的青睐。这里留下了秦始皇万里寻仙的足迹
和汉武帝在不其城建堂祀神仙的记载；有大诗人李白"我昔东海上，劳山
餐紫霞"的千古名句；清文学家蒲松龄游崂山，写下了《崂山观海市作歌》
的长诗，以及《崂山道士》《香玉》等脍炙人口的佳作；清代学者顾炎武、
王渔洋，近代名人孙中山、康有为、沈从文、梁实秋、闻一多、臧克家等
都曾涉足崂山，留下了大量的诗词歌赋传诵于世，更使崂山名满天下。

进入新世纪，崂山道教继续发挥宗教文化在两岸交流中的纽带作用。

---

① 　高明见：《道教海上名山——东海崂山》，宗教文化出版社 2007 年版，第 69 页。

2005 年，《反分裂国家法》出台不久，中国国民党主席连战自台湾来大陆开始了破冰之旅。2005 年 10 月 18 日至 20 日，连战对青岛进行访问。游览了崂山，参观了青岛城市规划展、青岛啤酒博物馆、迎宾馆、小鱼山、小青岛公园等地，感受了青岛的历史和发展变化。

10 月 19 日上午，连战一行来到崂山，兴致勃勃游览了太清宫。看着一棵棵参天的古树名木和一处处古代建筑，连战仰望沉思良久。在三皇殿，连战偕夫人面对雕像，深深鞠躬、虔诚敬拜。他说："这里有我们的祖先。"在院中，一棵 2145 年高龄的汉柏让连战感慨万千。尤其是这棵耸入云端的古树与凌霄、刺楸形成的"三树合一"的奇观引起了他的兴趣，一边感叹，一边邀夫人连方瑀、女儿连惠心以及其他亲友在树下合影留念。连战说："道教是中国特有的，具有很强的包容性。"

连战的崂山之行，也是为了实践祖父连横的遗愿。连战的祖父连横，是台湾著名爱国史学家，在日本占领台湾时期，怀着爱国热情，用 18 年时间著成《台湾通史》。目的是尽量保存台湾文献，旨在"宁详毋略，宁取毋弃"。记事始于隋大业元年（605 年），迄于清光绪二十一年（1895 年），并追溯于秦汉之际，以此证明台湾自古就是中国领土的一部分。同时载录台湾居民大都是来自祖国大陆，以此说明台湾与大陆的血肉不可分割的关系。在书的自序里，作者明示台湾后代子孙要永远记得自己中国人的身份。

四、其他道观

1. 海云庵

海云庵，又称大士庵，坐落在四方区海云街 1 号，始建于明朝，距今已有近 500 年的历史。在青岛市档案馆藏《青岛市佛、道教情况及合并修正意见》材料中，称"海云庵是崂山神清宫的下院，属道教都祖华山派"。又据在海云庵做过杂活的于观生说："蔚竹庵、大崂观、海云庵是当时青岛崂山地区庙宇的一个系统。海云庵自1926年化缘翻修后主管道士统由蔚竹庙派遣"，庙内道士一般有2至3人。因此它实属地方性会首庙宇，与前海太平路天后宫同为青岛市早期的古代庙宇建筑。1924年至1926年（民国十三年至十五年），海云庵由民间两次化缘翻修。

海云庵传说。海云庵的兴建，与当时青岛地区渔航业的发展息息相关。民间相传，有一天，附近村子里都有几位老人夜间做梦，见观音老母要来四方定居。第二天，这几位老人串通起来，一起到海边（现国棉二厂附近）向西海望去，只见海上有一棵漂浮的大树随海浪漂到岸边，近见树上有3个枝子，中间那个枝杈上，有一尊铜铸的老母像，老人们推选年长者将老母像请下来。此时有人回村叫来十几位青壮年到海边拖树，开始拖得很顺利，没费多大力气就拖到过去曾是大鹤鸟群栖息的地方，也就是现在的海云庵庙址，可是接着就再也拖不动了。有人说老母可能看中了这个地方。老人们把海上捕鱼安全寄托于神灵的保佑，为求得全村、全家的平安和吉祥，便商量就地为老母建庙，建庙所用木料就取自从海上拖来的那棵树。庙建好后，料正好

海云庵

用完。当时建成南北庙屋 2 处，北庙屋 3 间为正殿，称"大士庵"，供奉观世音菩萨（当地民众俗称老母），南庙屋 2 间，称"关帝庙"，供奉关羽、周仓、关平神像。当时庙屋的房顶都是用茅草的。相传自此后，海雾像云一样经常飘落在庙屋上空和附近，人们又根据"海为鱼天地，云是鹤故乡"的诗句，给这座庙起名为"海云庵"。庙西街走向南北，街长 180 米，宽 5.5 米，就叫"海云街"。每年正月十六日和每月初一、十五有善男信女进庙烧香磕头、祈福求子；庙外海云街上，做各种买卖的人也越来越多，逐渐发展为每天有集市，各种海鲜产品和粮食蔬菜等满街摆放着，赶集的人络绎不绝，人头攒动，热闹非凡。海云庵 1982 年 12 月被列为青岛市重点文物保护单位。1994 年 9 月正式成为宗教活动场所，是青岛市区唯一一座开展宗教活动的道教庙庵。

海云庵庙会和糖球会。过去青岛人有"忙腊月，耍正月"的习俗。百姓们从正月初一到十五是走亲访友，过了十五之后才开始劳动。在下地劳动和出海捕鱼之前，为祈求丰年、保佑出海平安，都要进庙烧香磕头。于是大家商定每年的正月十六为海云庵庙会。庙会期间，除庙前庙后有多种各具特色的应景小商品、手工艺品、地方土特产和各种食品外，尤以糖球为最多。到 1926 年海云庵大翻修后，赶庙会的、烧香磕头的、做买卖的人逐年增多。同时，庙会之时，胶济铁路四方机厂以及附近三个大纱厂全部厂休，让工人参加糖球会。各地民间艺人也纷纷赶来献艺，多为群众喜闻乐见的跑旱船、踩高跷和柳腔、茂腔等剧种，赶庙会的人有时多达上万人，成为当时青岛市区最大的传统庙会之一。由于买卖糖球成为海云庵庙会的主要特色，所以，民众逐渐将庙会称为"糖球会"。1989 年，由四方区人民政府正式命名并主办"海云庵糖球会"，会期为每年农历正月十六至十八日。自此，海云庵糖球会知名度越来越高。四方区人民政府于 1990年 7 月 1 日起动工，对海云庵的庙堂、庙院进行修葺，覆盖杭州路河，建立小吃街，还重塑了神像，基本恢复 1926 年翻修后的原样。1991 年被国家列为重点旅游节庆活动系列，连续举办至今。2013 年，海云庵被列为山东省文物保护单位。

2. 平度玉皇庙

平度玉皇庙位于平度市万家镇小基家村南首。玉皇庙占地 15 亩，坐落在一片绿色农田大平原中，红墙黄瓦，气势雄伟、色彩鲜明。庙正面有一大二小山门了座。庙里，三进殿。前殿为老母殿，供奉着天官丹（王母娘娘和斗姆元君）等女神仙和女真人。中殿为正殿即灵霄殿，供奉着玉皇大帝及其文臣武将。后殿为三清阁，供奉着三清太祖元始天尊、灵宝天尊、道德天尊。另外，庙中自然还有不少辅助性建筑物，如钟楼、鼓楼、望乡合，地狱刑罚画廊等。

平度玉皇庙，创建年代不详。最早记载为明万历年间曾重修正殿。正殿者，即玉皇大殿，名"灵霄宝殿"。一座大型宫殿式庙宇殿堂，从建造之日起，经自然损坏，到全面重新维修，起码也得经历百多年风雨沧桑。也就是说，建庙时间，起码要从明万历年再提前百多年，为元代所建。当时，元太祖建立元王朝初期，采纳了长春真人丘处机的"重民心，少杀戮"的建议，并封时任崂山太清宫道长的丘处机为国师，命其掌管天下道教事务。丘随恩

平度玉皇庙

师王重阳创立的中国道教全真派方得以崂山山脉为中心向周围迅速传播发展，乃至扩展到全国。其时，以丘处机为首的"全真七子"名扬天下。旧时，平度玉皇庙地址靠近重镇廖兰，地处山东半岛中心地段，即是交通要道口，又接近崂山，此处建庙的各项条件具备，当时也是建庙的最佳时机之一。历史上，平度玉皇庙做过崂山太清宫的下院。其时，崂山周国的道教庙宇有"三宫九庙七十二庵"，盛极一时。

平度玉皇庙在历史上曾经历过两毁两建的过程。第一次毁庙是107年前的农历六月二十四日山会那天，毁于一场无名天火，烧毁了整个三清阁，也烧死了香客100多人。至今玉皇庙内灵霄殿东北角石碑上尚留有清人进士的不解诗句："此炬何来又何去？欲向天公一问知。"第二次毁庙是1947年解放战争时期，玉皇庙被毁于国民党地方军阀头目冷官荣之手。2006年，平度玉皇庙被依法登记为宗教活动场所。

第四节　伊斯兰教

史书记载：伊斯兰教传入我国的时间是在公元651年，即唐永徽二年，距今已有1300多年的历史。

随着胶济铁路的通车，各地的穆斯林群众陆续来青岛经商谋发展，伊斯兰教也随之传入青岛。起初，穆斯林在河南路租赁房屋作为临时礼拜场所，1929年迁到常州路9号。

一、清真寺旧址

清真寺旧址坐落于青岛市市南区常州路9号，是使用了近80年之久的青岛市伊斯兰教唯一的宗教活动场所。该寺是由一座建于1898年的西式洋房再建而成，整体占地面积为1012.9平方米。

建清真寺是穆斯林日常生活中的一件大事。1929年，在来青的回民中，由德高望重的乡老穆华亭、刘尊五、石小坡、王万英等人发起下募捐建寺。此时正逢回民马福祥调任青岛特别市市长，其随员亦多为回民。马福祥亦苦于无礼拜处所，建清真寺的动议不谋而合。

清真寺建成后，二楼的大殿，可容纳百余人做礼拜。楼下为阿訇办公室，学员室、会议室、伙房等。院内有平房10间，其中4间为沐浴室和卫生间，另外设有埋台房，办理穆斯林殡葬事宜。1931年清真寺曾进行大修，1989年将院内平房扩建为二层楼房，以房养寺，初步解决了清真寺自养问题。

1958年成立了以金宝兴为主任的清真寺民主管理委员会。然而，"文革"中清真寺被毁，工作被迫中止。1981年，伴随党的宗教政策落实，伊斯兰教也得到了恢复和发展。原占用清真寺的单位搬出，市政府拨款12万元对清真寺进行全面整修，至1982年7月23日开斋节时，清真寺正式对外开放。1983年清真寺管理委员会成立，金宝兴再任主任。

二、新清真寺

改革开放以来，青岛市经济飞速发展，前来经商、旅游、留学的中外穆斯林大量增加。常州路清真寺规模小，设施简单，远不能满足穆斯林正常宗教生活的需要。2000年，在青岛市政协十二届三次会议上，18位市政协委员联合提出《关于对我市清真寺进行重建的议案》，引起市委、市政府的高度重视，并在2001年作出了"同意对清真寺重建"的决定，在市北区同安路划出15亩寸土寸金的土地用以建寺。建设资金采取青岛市伊斯兰教协会自筹和市政府资助相结合的办法解决。2005年，清真寺工程开工，2006年10月，一座现代化、功能齐全的清真寺顺利建成，2007年9月3日，常州路清真寺停止使用，同安路562号新清真寺开放启用，以全新面貌、全新姿态服务中外穆斯林。

新清真寺设计匠心独具，因地就势，巧妙地将中国传统的古典建筑和阿拉伯式建筑有机融合在一起，浑然天成，白墙、绿瓦、金色穹顶在阳光下熠熠生辉。新清真寺建筑面积近 4000 平方米，主体建筑共有两层，一层是教长办公室、会议室、讲堂等，设施齐全、布局合理、紧凑但不拥挤。二楼为 500 平方米穹隆形的礼拜大殿，白亮的马赛克装饰的巍峨穹顶上，呈几何图案，硕大的水晶灯悬吊在穹顶中央光芒四射。窑殿用木刻经文作装饰，宣讲台精雕细刻，拜毯整洁，排列有序，落地玻璃窗使殿内光线充足和煦。

清真寺大门外的坡地是穆斯林公共墓地。墓地上栽种着行行樱花树，树下绿草茵茵。排排墓穴，每个都用黑色大理石条砌成长方形，不留任何坟头，不论职位高低，贫穷富有，大小规格都一样。墓地的围墙上，墓穴的警示牌上，都用《古兰经》和圣训的教导阐释着伊斯兰教的生死观。

2008 年 9 月，国际奥帆赛在青岛举行，青岛清真寺积极参与了奥帆赛的接待工作，给各国穆斯林运动员留下了深刻印象。

2010 年 10 月，青岛首届中阿投融资博览会暨中阿商品交易会在青岛开幕，青岛清真寺参与阿拉伯国家外宾的接待工作。在会上，前驻也门、叙利亚大使时延春先生对青岛清真寺大加赞赏。会后，时任阿盟联合会驻华办事处副主任艾哈默德先生专程到清真寺表示感谢。

青岛清真寺建成以来，先后接待过来自世界各地的穆斯林团体和个人，知名度大大增加，被评为山东省和全国模范清真寺。

第五节　天主教

天主教传入青岛已有 100 多年的历史。1897 年（清光绪二十三年）11 月 7 日，德国借口巨野教案，强占胶州湾，驻军青岛。翌年德国传教士白明德即来青岛传教，此后天主教在青岛发展开来。

一、青岛早期天主堂

1897 年德国占领青岛后，兖州教区德籍传教士白明德于 1898 年来到青岛，在太平路天后宫后建起了一座木房，作为传教场所。这是天主教在青岛的第一处活动场所。1900—1902 年，白明德买购了曲阜路、安徽路、德县路、浙江路口之间的地皮，修建了一座石基砖瓦平房的教堂。这座天主教堂在曲阜路 1 号内（即现在的德县路小学礼堂），此为青岛最早的天主教堂，并成为青岛天主教会的所在地，亦是当时青岛天主教会活动中心。随着信徒的增多，小教堂已不堪重负，因此首任德籍主教维昌禄筹划兴建新教堂，以适应所需。

二、青岛天主教堂

现存的青岛天主教堂，始建于 1932 年，1934 年竣工，教堂整体建筑面积共为 3223.58 平方米，可容纳教徒千人，由德国设计师毕娄哈依据哥特式和罗马式建筑风格而设计。青岛天主教堂位于浙江路 2 号，又称圣弥厄尔教堂。圣弥厄尔是《圣经》中记载的一位总领天神，他与魔鬼首领战斗，打败了魔鬼，保护了人类。按照天主教的传统，每建立一处教堂就要确定一名天主教教会历史上的圣人作为主保，这位主保圣人的名字也就是这座教堂的名称。教堂起初设计时，拟建高度百米，不巧适逢二战爆发，希特勒严禁德国本土资金外流，已经募集的资金也无法到位，后来教堂不得不修改图纸，即建成现在塔身高 60 米的规模。因当时商品输出不受限制，所以特大的管风琴、彩色玻璃胎像以及圣物、祭品等物件仍装饰了教堂。大教堂内大厅高 18 米，堂内面积 1896 平方米。堂内所有的大小窗户都是由以《圣经》故事为背景绘画的彩色玻璃图案拼成。屋顶共装有 7 盏大、中型的铜吊灯，最大的一盏是由 60 多个灯头组成，其他壁灯、屋顶灯则不计其数。

教堂后方的中央设有一亭式的大祭台，在大祭台稍前处的左右两侧各

青岛天主教堂

有一间相对称的30多平方米的耳房。耳房是神职人员举行宗教仪式更衣或做其他准备工作的场所，也是存放圣物、祭品或装饰圣堂物资的地方。

教堂的两座钟塔身高60米，顶尖各竖有4.5米高、1吨多重的大十字架。西塔的上部悬有大钟1口，东塔上部悬有3口小钟，按音乐和声设计，皆由机械操作。每逢星期天或教会的节假日，大钟启动，方圆数里内都能听到美妙而有节奏的悦耳钟声。

据天主教爱国会工作人员介绍，青岛天主教堂之所以知名度高，还有个独特的原因，就是教堂内收藏着一部管风琴。管风琴出自德国名家之手，它有2400多个音调，是当时亚洲最大的一架，安置在前门上方教堂内的唱歌楼上。管风琴的风管粗细不一，长短不等，但错落有致，排列有序，极为美观。弹奏时，发出优美悦耳的音响。"文革"期间管风琴被砸烂。2008年青岛国际奥帆赛前夕，青岛天主教堂联系德国重新定做了一架管风琴，使中外人士又能欣赏到优美的旋律。

"文革"时，教堂受到严重破坏。中共十一届三中全会后落实宗教政策，青岛市政府拨款35万元对教堂进行全面修整。教堂按照原有的尺寸翻铸了两个十字架，重新定制了其他宗教用品。1981年4月11日，时任全国天主教爱国会主席宗怀德主教主持举行了盛大的开堂祝圣仪式，青岛天主教堂重新开始了宗教活动。1999 年 5 月 1 日，教堂对游客开放。2006 年 5 月 25 日，青岛天主教堂被列为全国重点文物保护单位。2013 年，整修一新的天主教堂作为青岛最重要的宗教场所之一，同时作为一座优秀的建筑文物对外开放。

青岛天主教区包括青岛和日照两个地区。青岛市区的天主教活动场所包括浙江路天主教堂，四方、沧口教堂等。

青岛天主教爱国会于 1987 年 12 月 29 日召开工作会议，选举神父韩锡让为青岛教区正权主教，后由宗怀德祝圣。韩主教是新中国成立后青岛天主教第一位自选自圣的主教，使青岛天主教结束了近 40 年主教空缺的状况。

三、平度马家疃天主教堂

马家疃天主教堂，即东马家疃教堂，位于平度市门村镇东马家疃村。据碑志记载，法国人朗司铎、得志修司铎分别于道光十六年（1836 年）、光绪

平度马家疃天主教堂

二十年(1894年)来平度传教，设教堂于马家疃。清光绪二十六年(1900年)法国人司铎德志修、孟国桢、寄明德建马家疃新教堂。当时，法国主教罗汉光、总司铎爱天理于马家疃主持教务，司铎德志修、孟国桢、寄明德司铎协助，教徒达300余人。宣统二年（1910年）东马家疃村的马珣、马里兄弟受其影响信奉并募捐资金建天主教堂，现存教堂就是马氏兄弟所建。

马家疃天主教堂原有建筑40余间，由教堂、北房、东西厢房组成，整个建筑占地约2000平方米。其中东厢房15间、西厢房5间，作为仓库、休息室使用。"文革"期间，东西厢房相继拆除，现仅存教堂和北房。教堂坐北朝南，进深7间，面积约210平方米。教堂北端东西两侧连有配房，为神父及其工作人员的更衣室。教堂南端有一钟楼，钟楼顶部装一大钟。教堂北为一排砖木结构硬山式房屋，共13间，曾为村办小学使用。1993年教堂开堂，现归马家疃教务管理委员会所有。马家疃天主教堂保存较好，是现存重要的近代建筑，对研究近代平度宗教发展和中外建筑有着较高的科研价值。2005年被列为青岛市文物保护单位。

第六节　基督教

基督教是在鸦片战争之后传入青岛的。最早来到青岛的是美国北美长老会的传教士郭显德。1873年，郭显德在崂山一带宣教建立南北岭基督教会，是基督教传入青岛的开始。不久，美国美南浸信会、德国信义会的传教士也先后来到青岛。从1897年德国侵占青岛到青岛解放的50多年里，先后有13个国家所属11个教会的传教士来青岛传教，建立教堂，开办医院、学校，进行传教活动。始建于1908年的江苏路基督教堂，其规模和影响较大。青岛解放前夕，青岛基督教各教派共有礼拜堂60处，神学院3处，有外籍传教士90人，中国牧师52人，传道员和传道长老147人，执事300余人，信教群众大约12000人。

青岛解放后，青岛基督教联合会会长王德仁被推选为青岛市第三届各界人民代表。1954年10月，青岛市基督教三自爱国运动委员会正式成立，吴焕新任主席。1958年青岛教会实行联合礼拜，成立三自联合办公室，50处礼拜堂自愿合并为10个聚会堂点。

从1966年起，"文化大革命"十年动乱中，青岛市基督教宗教活动被迫停止。中共十一届三中全会后，落实宗教政策，教职人员重新开展教会工作。1980年江苏路教堂恢复宗教活动。

一、江苏路基督教堂

江苏路基督教堂，是青岛著名的宗教建筑，位于青岛市市南区江苏路15号内小山丘上。它坐北朝南，面向大海，是一座典型的德国古堡式建筑，占地面积1297.51平方米，由钟楼和礼堂两部分组成，主要材料是花岗岩。1908年由青岛德署为旅居青岛的德国信徒出资兴建此堂，也是当时德国人在青岛的第一座大教堂。

从外观上看，这座教堂造型宏伟古朴，为西方中世纪古堡式风格，并附设有钟楼。钟楼外部的三面墙上镶有机械时钟，因而当地人称"钟表楼子"。钟楼由下向上呈长方形，顶端逐渐缩小，直指蓝天。基督教堂的钟楼高39.1米，钟楼内悬有两小一大3口钟，均为原有设备，保存很好，现在一直在正常使用。在上面可以观看远处大海的景色。两座附属建筑为礼拜堂附堂和传教士宿舍。里面的礼堂宽敞明亮，大厅高18米，能容纳1000多人，两侧分为楼上楼下两层。在东西两侧墙上的5个大玻璃窗给堂内以充足的自然照明。这些大玻璃上的玻璃绘有耶稣和教会历史故事图画，堂内中央大厅是按信义会礼拜堂的要求来布局的，呈矩形，南北布局。二楼为唱诗班所在之处，并设有管风琴，从整体上看，教堂给人一种庄严肃穆的感觉。

据教堂工作人员介绍，这个教堂是以德国柏林教会的传教士为主体在青

江苏路基督教堂

岛建立的。当时德国人在青岛修建了好几个教堂，江苏路教堂是为了德国人自己做礼拜和聚会使用的。而其他几个信义会教堂，像李村滨河路教堂、观象二路教堂和台东大庙，则是由德国人修建主要是供青岛本地人用来做礼拜或者聚会活动使用的。

　　1897年，德国占领胶澳地区后，德国"路德会"的柏林教会派了一位传教士来青岛传教。据介绍：教堂选址时考虑在德国人的官邸和他们居住生活区域的中间，即"总督府"（老市府）办公的地方和迎宾馆（德国官员生活区），取它们中间的小山丘作为教堂修建的地址。按照基督教教义，教堂选址地点也具有圣经元素，一般教堂建筑都是选在高处，大家都可以看到的地方，这个山丘在当时就是周围相对较高的小高地，便于钟声传得比较远，使周围人们都可以听见，来此做礼拜。教堂于1908年4月19日动工，1910年10月23日竣工，历时近两年半。由于该教堂是专供德国信徒聚会礼拜的，所以人们把它称为"德国礼拜堂"。当时德国总督及外籍在青的上层人士常来此聚会。后来德国撤退后，这个教堂也被美国和日本人使用过，所以也叫"国际礼拜堂"。1949 年以后，它成为中国基督教徒的主要活动场所。"文化大革命"时期作为"敌产"被收回。1979 年以后落实宗教政策，教堂于 1980 年归还教会使用。1980 年 11 月 2 日举行复堂礼拜，参加信徒 500 人。该堂成为"文化大革命"后青岛市第一个恢复使用的教堂，由中国人进行管理，由本地牧师和传教人在此进行宗教活动。1984 年 7 月 27 日教堂被确立为市级重点文物保护单位。青岛市基督教所有重大活动如按立圣职典礼、友好交流、接待来访都在此堂进行。

德国本土原来建有一座教堂和江苏路教堂按同一图纸设计施工，但是这个教堂在第二次世界大战期间毁于战火，因此青岛的这座教堂就更显得珍贵。1992 年，江苏路教堂被确定为省级重点文物保护单位；2006 年，被定为国家级文物保护单位。

二、观象二路保罗堂

保罗堂位于观象二路 1 号。1938—1940 年，教堂由美国信义会在原德国俱乐部旧址建造，定名为"鲁东信义会圣保罗堂"。该教堂由俄国建筑师尤力甫设计，教堂清水红砖外墙，教堂占地面积达 2225 平方米，建筑总面积约 1482 平方米，内部可容纳 300 余人做礼拜，拥有方形钟楼，沿内部 60 级台阶可达钟楼，建筑式样为罗马式，敦厚、雄壮。钟楼高 24 米，成为附近多条

观象二路保罗堂

道路的对景。1941 年太平洋战争爆发，该堂被日军查封，后几经交涉才得以恢复礼拜，从那时起，该堂走上自立道路。1945 年日本投降后，美国信义会差会重回青岛，但该堂仍维持自立。1958 年，该堂定为联合聚会点，1967 年停止聚会。1994 年落实宗教政策，保罗堂恢复使用。其后，政府斥资对教堂进行了全面修葺，将用砖头砌死的塔楼重新打开，教堂里的楼板全部撤掉，让教堂恢复了原样。1999 年 12 月，观象二路基督教堂被列为青岛市文物保护单位。

三、李沧区滨河路基督教堂

滨河路基督教堂，位于李沧区滨河路 1183 号，建成于 1904 年，是岛城现存最早的教堂建筑。

滨河路基督教堂

1900 年，德国信义会传教士昆祚、和士谦二人在李村选购了 4 亩地，准备建基督教堂，但买地后尚未开工建设即因故离去。直到 1904 年德国传教士邵约翰来青岛后才主持建成。教堂为德式建筑风格，砖混结构，石质楼梯，堂顶建有钟楼一座，在教堂后院另有房屋多间，院子面积有 600 多平方米，堂内面积 281 平方米。教堂初建时，其后院曾建有一所高等教会学堂（高级小学）和一个篮球场，可容纳百余人住宿就学，前来就读的多是附近村子的孩子，教师由本堂的传教人担任，邵约翰牧师任校长。教堂建成初期，宗爱道曾为该堂传教士。此后，陈发海、金思明、张子南等人先后作该堂的传教员。至1958年下半年，该堂停止礼拜聚会。"文革"期间，教堂后院学堂被拆，堂顶钟楼被毁，但主体保存较为完好。

中共十一届三中全会以后，该教堂的房产得到落实，1983年由基督教会收回并进行维护修缮，1984年恢复宗教活动。1985年原崂山县三自爱国委员会成立，此堂成为县三自的办公地点。1994年区划调整为青岛市李沧区基督教堂。2013年10月，该教堂被列为省级文物保护单位。

四、崂山区南北岭基督教堂

南北岭基督教堂位于崂山区北宅街道办事处南北岭社区。南北岭原名董家庵，是永乐年间由内地迁来的军垦移民，主要信仰"金丹教"。1873年3月，美国北美长老会传教士郭显德牧师，来讲经布道。

全村有69人接受洗礼，随后，即墨、崂山一带的"金丹教"成员也都改信了基督教，之后又脱离了以长老会为背景的烟台总会，设立庵岭支会。信众自筹自建创设一座山村礼拜堂，原为中式建筑，有正房三间，东厢房四间，建筑面积191.1平方米，可容纳百余人礼拜聚会。共举董立家、孙文伦为长老，董思江、董思海为执事。1897年，董家庵由郭显德牧师改名为南北岭。郭显德牧师曾多次前来布道，外籍库雷海牧师常年巡回于南北岭等地教会讲授圣经，著名布道家宋尚节博士也曾经来南北岭讲道。1912年，青岛地区成立了统一的中华基督教会，南北岭教会加入。

1950年，以吴耀宗先生为首的中国教牧同工发起了三自爱国运动，南北岭教会积极拥护并在《宣告书》上签字。1958年，该堂停止了宗教活动。1979年落实党的宗教信仰自由政策，南北岭教堂恢复礼拜，成立了教堂"三自"管理小组，董其法任组长，董福环、董福贵任委员。南北岭教堂经1986年和1998年两次翻新扩建，形成今日整洁、漂亮、壮观的礼拜堂，建

南北岭基督教堂

筑面积 1077 平方米。砖石结构，地上两层，外墙通体以花岗石细方石砌筑，红瓦坡顶，开三角形老虎窗。南立面以七根圆柱分割空间，象征上帝创造世界的七日圣功。门窗取哥特式尖拱，均衡分布于柱间。室内有礼拜堂，圣坛设于东端。

1995 年 8 月，南北岭教堂依法登记为宗教活动场所。2003 年 10 月 15 日，由青岛市基督教"两会"主持召开了南北岭基督教会建堂 130 周年庆祝大会。2010 年，南北岭教堂被中央统战部、国家宗教局表彰为首批和谐宗教活动场所。现为崂山区文物保护单位。

第六章　独具特色的民俗文化

青岛地处山东孔孟之乡，又是现代开放城市，兼具传统与现代、本土与外邦的文化特点，既有农业、渔业文化，更有海洋特色文化。民众信仰既有多种宗教并存又有独具特色的民间信仰。青岛民间信仰规模较大的文化景观当属天后宫。天后宫是海商港口的标志，随着青岛近代港口的兴起，广受海商船民的重视。1996 年，青岛天后宫被辟为"民俗博物馆"，每年举行民俗庙会。还有遍布青岛即墨、胶州、平度、莱西等地的城隍庙、玉皇庙、关帝庙、观音庙等，则体现了当地居民的多样化信仰。

第一节　五教合一的青岛道院

青岛道院成立于 1922 年 9 月 6 日，该会供奉耶稣、儒、道、佛、回五教神主，发起人是实业家、青岛振业火柴厂厂主丛良弼。1927 年 6 月 6 日，世界红卍字会青岛分会成立，这是一个以"促进世界和平救济灾患为宗旨"的公益团体，发起成立人亦是青岛道院院长丛良弼。至此，青岛道院又以世界红卍字会的名义从事慈善救济活动。

青岛道院原址在新泰路，由于原址狭小，为扩大规模，丛良弼向青岛市政府申请新院址用地。1935 年，由几个主要负责人发起，募集资金，在大学路、鱼山路口建造新址。先盖的大殿，后起的前楼，共耗资 50 余万银元。

青岛道院（青岛红卍字会）旧址

前楼为红卍字会办公之用，后殿归道院使用。后殿由青岛建筑师刘铨法设计，为一中式宫殿建筑，由山门、大殿、东西配殿和礼亭组成。整个工程于1941年11月完工。

大殿的设计仿照了曲阜大成殿，其正殿重檐歇山顶，上覆黄硫璃瓦，檐下为钢筋混凝土仿制斗拱。左右配殿亦为歇山顶，绿硫璃瓦覆顶，山门为单檐歇山顶。在大殿设计中，刘铨法大胆地创造性地采用预制混凝土构件和水泥制品，代替传统的木料制作，这在国内属首创，1934年因此项发明获预制混凝土构件的专利权。后楼藏经楼为仿伊斯兰教建筑的样式，面积为674平方米，地上二层，整体采用钢筋混凝土结构，门前有花岗石台阶，正门立面有八根圆柱，建筑主体分为穹隆圆顶和双层殿堂两部分，东西两翼设小厢房，楼内设旋转式楼梯。这个建筑，在各地院会建筑中也是独树一帜。

红卍字会是公开对外的慈善组织，道院则是民国时期以打坐、诵经、养性、信奉五祖（儒、释、道、耶、回的创始人）为宗旨的一个组织松散的准

青岛道院（青岛红卍字会）红墙

宗教组织。红卍字会和道院是一套班子，青岛红卍字会的会长丛良弼，同时也任道院的统掌。

旧社会的红卍字会属于国际性的社会慈善组织。中国的红卍字会的全称是"世界红卍字会中国总会"，会址设在北京。青岛红卍字会是个分会，丛良弼担任首届会长，丛于1945年去世，由副会长贺善果继任会长，直到青岛分会结束。

青岛红卍字会设有基金，活动经费、赈济资金等等，全靠会员捐献和社会募集。如建造鱼山路大楼时，有400余人捐款，几个主要负责人如丛良弼、贺善果、邹道臣等均出资较多。丛良弼个人捐款达10余万元，他的振业火柴公司捐了4万元。整个工程共获得捐款63.8万余元。

红卍字会所属的机构，有慈济院、慈济医院、职业学校、女子小学、救济队等。1943年冬天，日本侵略者对我胶东根据地大"扫荡"时，抓来了所谓八路军"嫌疑分子"1000多人，都囚禁在青岛市体育场内。在日寇灭绝人性的残酷折磨下，被抓来的人非死即病，惨不忍睹。当时的红卍字会会长贺善果与日本驻青军方接洽，将幸存的六七百人统统保释出来，安置在鱼山路红卍字会楼下大厅内，并发给每人棉衣、棉被。还安排专人，每天用大锅为病者熬药治病。等他们恢复健康以后，就代替他们领取"通行证"，发给路费，任其各自回家。这些人回乡之后，不少人又重新拿起武器，活跃在敌后，英勇地打击日本侵略者。此事至今仍时常为人所称道。

青岛道院建筑优美，金碧辉煌，遍植珍花异木，环境十分优雅。青岛解放以后，青岛道院由青岛中华救济总会接管。房屋改作博物馆及图书馆使用。1992年，市图书馆、市博物馆先后建成新馆迁出。2006年，这座著名历史优秀建筑，被列为全国重点文物保护单位。如今，已经成为青岛旅游名胜之一和网红文化打卡地。

第二节　天后宫

俗话说：哪里有港口，哪里就有天后宫。青岛地区多港口，几乎港港都有天后宫。天后信仰，北宋时期发源于福建湄洲。天后圣母又称"妈祖"、"海神娘娘"，我国沿海一带广泛流传着她的神话故事。据传，林默娘是北宋初年，福建莆田湄洲屿渔民的女儿。她自幼天赋聪明，懂天象，又通晓医药，经常给乡亲看病治疗。乡亲们十分爱戴她，当时称她为"神女"。林默娘一心想救海上难民，28岁那年，因海上救人，不幸身亡。乡亲们便说她"升仙"了。后来，民间广泛流传着官船、民船海上遇难，被默娘搭救的故事。历代朝廷闻知后十分重视，由皇帝亲自褒奖并册封神号。自宋至清，先后册封达40余次。各地妈祖信徒达1亿人之多，可见其影响之大。明清时期在青岛港口多建有天妃宫、天后宫，其中胶州天后宫、青岛天后宫、金口天后宫是规模较大的三座天后宫。

1. 青岛天后宫

老青岛人都听说有句话叫"先有天后宫，后有青岛市"。史载，青岛天后宫建于明代成化三年（1467年），距今已有500多年历史。据考证，天后宫的山门内立有两块清同治年间的石碑，有人据此推测青岛市的开埠时间至少可推至200年前的乾隆年间，"青岛"的称呼也是这时候开始的。

青岛天后宫，是一处集天后文化、海洋文化和民俗文化于一体的著名人文景观，也是青岛前海风景线上一处极具民族风格的古建筑群，历经500余年风雨淘洗而幸存至今，堪称青岛历史变迁的一个生动缩影。

天后宫初建时，称"天妃宫"，有天妃正殿三间，并有龙王殿、督财府为东西配殿。明崇祯十七年（1644年），天妃宫住持宿义明募款维修，扩建后院两厢。清雍正十一年（1733年），青岛的地方长官在天后宫举行"春秋致祭"，称"天后行宫"，在前院中部增建戏楼，可见香火极盛，庙会者众。当时天后宫已成为青岛人举行重大集会活动的场所。相传，天后宫大殿就是此时建成的，殿前还植了两株银杏树。两株银杏一雌一雄，是清代天后宫中兴时的历史见证，至今已近300年。至光绪二十四年（1898年）再次修复

青岛天后宫旧址

天后宫时，又购地 20 亩，规模更大。1936 年，青岛商民集资对天后宫进行了大规模整修、扩建，此时的殿宇又增至 16 栋，建筑面积 1100 余平方米，且改用黄绿色琉璃瓦，保持了清代建筑的风格。

有关当年青岛口、天后宫的盛况，在青岛村人氏胡存约的"日记体"随笔《海云堂随记》中，有不少记载，尤其是天后宫庙会几段，可谓往日情景，跃然纸上。如他在光绪二十二年（1896 年）农历正月十三日写道："年除日（即除夕这一天）、正月十五、三月十五，口（指青岛口）中商家循例至天后庙（即今天后宫）上香，叩拜财神、天后、观音、吕祖诸神佛。此时，庙中香火最盛，四乡村镇民妇人等来者亦多。天后庙则设台耍景（方言：唱戏），间或两台，多时亦设于总镇衙门南侧（现市人民会堂址）……"从这里，我们好像看到了当时天后宫内烧香拜佛，几台大戏对着唱的热闹情景。光绪二十三年正月初五写道："自元旦至元宵，日日人群络绎，杂耍、小场、大书、兆姑、梆柳、秧歌、江湖把式无所不有……"商家初五日，晨起拜神，燃放鞭炮，谓之"满堂红，饮酒煮饺子，盛于盆，称'聚宝盆'。焚香拜财神，并于店铺门首悬挂红彩，以志红财盈门"。这是对于天后宫庙会中曲艺、民间杂技和商家风俗的记述。从以上几段生动描述，我们仿佛看到了一个世纪前天后宫庙会的规模和盛况。在从德国征集来的青岛最早的胶片影像资料中，有一段记录了 20 世纪二三十年代青岛人过年时天后宫的热闹景象，来这里上香祈福的市民络绎不绝。从这段珍贵的影像资料中，可以看出天后宫在青岛人生活中的重要位置。

另据史料记载，当年天后宫曾经险些被德国人拆除，是胡存约[①] 等人联络民众奋力抗争，最终保存下了这处中国传统建筑。

据考证，胡存约出生于 1859 年，1916 年去世，享年 56 岁。胡早年失父，"事母至孝"。他很早就弃学从商了，经营土产杂品和航运。一生的大部分时

---

① 李明：《中山路——一条街道和一座城市的历史》，中国海洋大学出版社 2009 年版，第 221 页。

间，都是围绕着他的生长地青岛村这个半径不大的地方度过的。

在 1898 年开始的德国人统一收购土地的事件中，当地几乎所有建筑和民俗、商业设施，被完全摧毁。原居民被以流放的形式，分散在殖民政府依照"华洋分制"原则规划的欧洲人居住区之外，这些区域范围很大，从 1924 年编制的《胡氏族谱》上看，胡存约一支，最后生活在胶县徐哥庄。

然而，胡存约却没有离开。他持续了家族的事业，并开始迅速适应新的生存环境。在不长的时间里，胡存约成为青岛中华商务局的董事和殖民地参议会的成员。在当时，这两个职位均是可以直接参与华人事务管理的重要角色。在《胶澳志》中，人们可以清楚地看到这样的记载："青岛开埠之始，市政权操诸外人，华商稍能自振代表同业以参预市政者，仅傅炳昭、丁敬臣、包幼卿、周宝山、成兰圃与存约数人而已。"在这部著名地方史书的《人物志》里，商人胡存约被归入素受尊敬的"乡贤"一类。表明胡存约贤举的，是其联络民众保护前海天后宫的行动。

1897 年底，德国侵占胶州湾后，即对青岛进行了全面的城区规划，其中有青岛区、鲍岛区、别墅区等等。天后宫因所处的位置，被划入了青岛区，即"欧美人的杂居区"。德国总督府曾几次颁布政令，不许中国人在青岛区内居住和从事活动，但是青岛区的中国人一直顽强地保持着到天后宫烧香还愿、祈祷平安等习俗，你来我往，长年不断。后来，德国总督府决定拆除天后宫，以阻止中国人在青岛区的活动。这项决定立即遭到了众多青岛百姓的强烈反对。他们不仅联名上书德国总督以示抗议，而且还组织起来保卫天后宫。后来，德国总督府见众怒难犯，便放弃了拆迁计划。在保卫天后宫的过程中，胡存约等人发挥了重要作用。据《胶澳志》记载："德人议移天后宫，存约与傅炳昭等力争之乃止"。在这个最终得到缓解的对抗性事件中，胡存约获得了很高的威望和声誉，"以此为众所倚重，有事悉就商焉"。除此之外，真正让历史记住胡存约这个青岛村原居民的，也许应该是他写作的《海云堂随笔》，在这些文字简约的个人笔记里，他记录了一个真实存在过的

天后宫民俗博物馆

乡村青岛。

从 1965 年 4 月开始直到"文革"时期，天后宫遭受了巨大的人为破坏，除戏楼、大殿、配殿及东西厢房尚存外，其他的都面目全非。1996 年，遵照文物"修旧如初"的原则。青岛市政府拨巨款将其重新修复，并辟为青岛市民俗博物馆。现有建筑面积 1500 平方米，前后两进院落，殿宇 16 栋，分别为天后圣母殿、龙王殿、督政府、六十甲子星宿神。2006 年，青岛天后宫被列为山东省文物保护单位。

2. 金口天后宫

金口天后宫位于即墨市东北端黄海丁字湾畔的金口镇金口村，迄今已有 230 多年的历史。

金口天后宫在布局上分为行宫和寝宫两大主体建筑。行宫在前，寝宫在后，其间配以诸多附属建筑，将两座高大的宫殿融为一体。两宫的模式一

金口天后宫

样，都是青砖绿瓦、雕梁画栋、四角飞檐、前后出厦。两宫加上后面的议事厅，共占地 18.4 亩。行宫是天后圣母升殿理事的地方，共 5 间，以红漆圆柱撑梁，高大宽敞。正间北面是神台和神龛，里面用香樟木雕有天后圣母坐像。宫门前建有 3 米宽的 3 级阅台，台边围汉白玉石柱栏杆，据说是专供圣母在此检阅之用。寝宫，顾名思义，即天后圣母睡眠的地方。宫中分寝室、梳妆室。主殿东西两边称"东海""西海"。寝室有圣母卧像，四周用红漆木板护围，前门用玻璃镶嵌。梳妆室有两面大铜镜，高 2 米以上。

金口天后宫的香火最鼎盛时刻，莫过于每年在这里所举行的几次庙会：正月十六庙会。这次庙会旨在给天后圣母"拜年"，亦叫"唱灯节"。3 月 23 日是天后圣母的生日，庙会旨在为天后圣母"庆寿"。九月九日庙会。这是纪念天后圣母"升天成神"日。这些庙会都给天后宫增添了不少色彩，同时也给金口港的商业和航海业带来了生机。

金口天后宫自建成的 200 余年中，前后重修过 5 次。1964 年，即墨县政府拨款 2000 元人民币对宫顶及院墙进行维修。金口天后宫随着金口港的兴衰而变化，现仅存行宫及火神阁、财神阁、议事厅残体，其余建筑均已面目皆非。根据民间意愿，金口镇党委、政府拟定，自1993年5月始修复金口天后宫。修复金口天后宫的资金来源主要由社会各界捐资，各界捐款捐物达10万元人民币。利用这些捐款，清理了大院，整修了院墙，修缮了宫顶，油漆了宫中梁柱，粉刷了宫壁，重做了宫前门扇。当年农历九月初八，金口天后宫对外开放。2013年，金口（即墨）天后宫被列为山东省文物保护单位。

3. 胶州天后宫

胶州天后宫位于胶州东关大街东段，今大同中学院内。始建年代不详，传说是宋朝航海船员集资兴建。胶州天后宫为胶州有名的古庙宇，建筑宏伟、精巧，天后宫山门为传统三间开建筑，正门上方有"天后行宫"竖匾。山门前牌楼写有"威镇咸孚"，背面是"海不扬波"，是胶州名书法家冷文炜的手笔。天后正殿为五间开大殿，内奉天后娘娘塑像。正殿两侧有两层厢房，院中筑有戏台。每逢盂兰盆会时，天后宫戏台连唱多场大戏，十分热闹。一些商贾大

胶州天后宫旧照

户不惜巨资，修庙还愿，遂盛极一时。自青岛近代港口开埠，往来船只多在青岛停泊，胶州海运日渐衰落。天后宫亦因年久失修，日渐荒凉，最终废弃。

第三节　城隍庙

城隍，起源于古代的水（隍）庸（城）的祭祀，为《周宫》八神之一。"城"原指挖土筑的高墙，"隍"原指没有水的护城壕。班固《两都赋序》中曾记载："京师修宫室，后城隍"。古人造城是为了保护城内百姓的安全，所以修了高大的城墙、城楼、城门以及壕城、护城河。先民们认为凡是与生活、生产安全密切相关的事物，都有神在，于是"城"和"隍"被神化为城市的保护神。道教把它纳入自己的神系，称它是剪除凶悉、保国护邦之神，并管领阴间的亡魂，使"城隍"逐步演变成为地方守护神。宋代以后，"城隍"开始人格化、多以去世后的英雄或名臣奉为城隍神，并列入国家祀典。明洪武元年（1368年），为"以签察民之善恶而祸福之，俾幽明举不得幸免"，明太祖正式下旨封"城隍"为王，并按行政区划将"城隍"等级制。自此，"城隍"由自然神演化成为人神，在统治者及百姓心目中的地位又一次被提升。

1.平度城隍庙

平度城隍庙，位于平度市市区徐州路中段西侧，是胶东尚存的极为珍贵的古建筑。1989年被青岛市人民政府公布为青岛市级文物保护单位。2013年被列为山东省文物保护单位。

据道光《重修平度州志》记载，平度城隍庙始建于元代，明初原只有大殿两座，经明、清两代数次重修，增筑了山门、两厢、主持住房等建筑，成为一座占据州城南一隅的大型庙宇，直到民国初仍保留着昔日的盛貌，香火一直很盛。民国期间，当局废庙宇、毁神像，从此，城隍庙就仅存一座大殿了。目前的平度城隍庙大殿，仿宋代建筑格式，古朴浑厚，雄伟庄重，单调中显示出灵动之势，古朴中透露着精巧之形。大殿属单檐歇山式，垂脊长，戗脊短，花

平度城隍庙旧址

山大，屋顶重心下移，有泰山压顶浑然不动之姿，又给人以庄重之感。进入大殿，雕梁画栋，气势森严，两根高大石柱上镌刻的清康熙四十九年九月平度知州舒士贵所撰书的一副长达七十四字的楹联："神德洋洋数百里土地人民于焉司命愿十雨五风疆域内岁时永熙造福黎庶便是效灵社稷；明威赫赫几千般机关巧诈到此何凭看彰善弹悉幽冥中毫厘不爽思量身后应须检点生前"。楹联正楷书写，遒劲有力，对仗工整，平仄讲究，至今清晰如初，为大殿增色不少。

2. 胶州城隍庙

胶州城隍庙位于胶州市兰州东路 95 号，自明初起止于 20 世纪 20 年代，屡毁屡建 9 次。1999 年 12 月，由青岛市人民政府公布为青岛市级重点文物保护单位。2006 年，由胶州市政府主导，以社会捐助的形式，本着修旧如旧的原则，对胶州城隍庙进行了全面修缮。现存城隍庙建筑包括山门、大生殿、广生殿、灵官殿、土地庙、戏楼、灵佑侯府（前殿）、东西翼区、东廊房、西廊房、瑞星殿（中殿）、寝殿（后殿）等，占地面积 4043.5 平方米，

胶州城隍庙

建筑面积 1186.6 平方米，于 2010 年元旦正式对外开放。

　　胶州城隍庙作为胶州的一个重要民俗活动场所，开放以来每年的二三月份会在城隍庙举行"城隍庙糖球会"、"城隍庙美食节"、非物质文化遗产展演活动、胶州名家书画作品展活动、著名的剪纸艺人现场表演活动、胶州茂腔专场演出等一系列活动，带动了全市旅游、经济、文化的共同发展。胶州城隍庙是胶州市区唯一保存下来的一处比较完整的古建筑，2013 年 10 月，被列为山东省文物保护单位。

第四节　即墨玉皇庙

　　即墨玉皇庙即雄崖所玉皇庙。位于即墨市东北部，始建于明朝洪武二十二年（1389 年），距今已经 600 多年。总面积 48 平方米，分山门、院

即墨玉皇庙

落、殿堂三部分。该庙虽居僻壤而古今远近闻名，建筑虽不宏伟却当年香火鼎盛。究其原因，玉皇庙有两大特点闻名遐迩：

一是建筑风格独特，属无梁殿。查观当年即墨境内的古庙宇建筑，其建筑形式多为抬梁木构架的木主砖辅建筑，唯雄崖所玉皇庙异之。据《中国古建筑史》载："……明代又出现了完全用拱券结构的碉楼和结构用砖拱而外形仿木建筑的无梁殿"，而当年雄崖所玉皇庙就是这种砖石结构、以石为主的"无梁殿"建筑。

玉皇庙整个建筑除门扇用木制以外，其余建筑全系砖石构成。庙之殿堂唯一门而无窗，分内（西）外（东）两间。内间稍大，起南北拱券，券下设有神龛，龛内塑有玉皇坐像；外间起东西拱券，东西狭，南北长，券下两侧塑有哪吒、灵官立象，作为庙之主宰，供人们朝觐叩拜。从庙内设施和所做功德来看，该庙与诸庙基本相同，但在建筑用料及建筑风格上相比，它与其他古建筑却大相径庭，实为县内绝无仅有。无怪乎，清代邑人姚梦白先生在其《雄崖所建置沿革志》中称此庙为"石室"，可谓恰当之至。

二是选址布局科学，庙门东向，面朝大海。玉皇山是雄崖所城西门外丘岭地上不甚高的一座小山，玉皇庙也只是山顶上的一座"貌不惊人"的小庙。可是，别看山低庙小，而在当地临近几县中却颇有名气，正所谓"山不在高，有仙则名"。当年，即墨境内有诸多玉皇庙，不论庙之规模大小，都是坐北向南，而唯独雄崖所玉皇庙坐西向东，因为向东则可面朝大海。可见六百年前人们设计建造这座庙的目的就在于保佑出海渔民安全的美好愿望，并把它作为消灾得福的精神寄托。更重要的是，玉皇山是雄崖所海域西岸的最近制高点，在此山上建庙，昼夜可给海上渔船指示方位，成为莱、海、即三县来往渔船的自然航标。当地有许多"玉皇指航救渔船"的民间传说，把玉皇庙的导航作用涂上一层迷信色彩。玉皇庙素以保佑渔民出海平安而备受尊崇，近六百年来香火不衰。当年，每岁古历三月初九日该庙逢会，即墨、莱阳、海阳三县渔家的善男信女或坐车或乘船或步行绎络不绝地来到玉皇庙，焚香烧纸，顶礼膜拜；再加上做小生意的设摊叫卖，踏青游春的嬉戏喧闹，使整个玉皇山烟云缭绕，人声鼎沸，熙熙攘攘，热闹非凡，庙会持续达两三天之久。

如今，玉皇庙的墙垣、钟楼、火池、塑像已在动乱年代被毁，但山门、殿宇仍牢固地屹立在玉皇山上，1984年，被列为即墨市文物保护单位。

第五节　即墨七级双塔

七级双塔又称双砖塔。据《青岛胜迹集萃》记载，双砖塔坐落于即墨市七级镇中间埠村（民间传称神仙庄）南处，又称中间埠双塔，一名陈仙姑塔，一名马师傅塔。两座砖塔建于1866年（清同治五年），东西相距约20米，均为密檐式墓葬塔，距今已有100多年历史。

陈仙塔（大塔），九层，塔高21.5米，直径为5.5米，楼式建筑，结

即墨七级双塔

构奇特，十分坚固，虽经 100 多年的风雨侵蚀和地震、飓风摧袭，仍安然无损。砖塔正面竖有一石碑，高近两米，碑文记载陈仙姑的身世及年代。相传，陈仙姑原属天界王母娘娘的一名侍女，因误触天条，被贬人间。父名陈杞，早逝，与母兄相依为命。从小就有许多异于常人之事。相传陈仙姑及其佣人马师傅，在家中端坐而化，俗寿 22 岁。当地群众将他们奉为"神仙"建塔以祀之。此后，不断有传说，附近海上渔船遇海浪迷失方向，水粮已尽，得陈仙姑搭救之事。关于陈仙姑还有许多优美的传说在民间流传。

马师傅塔（小塔），塔高约 13 米，为七层，直径约 3.3 米。塔式格局结构均仿照陈仙姑塔，第二层正面石额上镌"法传圣山"四字。

两座砖塔设计新颖，比例匀称，精工细雕，造型美观，古朴幽雅，别具一格，是青岛地区至今保存较完整的古代砖塔建筑，为青岛、即墨市级重点文物保护单位。每年农历四月，善男信女竞相来朝拜、求仙药者络绎不绝。

另外，还有几次大型庙会，使双砖塔更具盛名。2013 年，七级双塔被列为山东省文物保护单位。

第六节　平度千佛阁

平度市区内胜利路东端有一处名为"千佛阁"的明代古寺阁，是平度城三大楼阁中最著名者。千佛阁始建于明代天启年间（1621—1627 年），崇祯五年（1632 年）焚毁，清顺治四年（1647 年）重修。现阁基是明代天启年间所建，阁楼上的石柱及木结构梁柱等多是清顺治年间的旧物。清康熙《平度州志·寺观》记载：千佛阁在州东关。明天启间，僧道月建。千佛阁坐落于原平度城东关通衢处，阁下留有供车马通行的拱门。千佛阁高 20

千佛阁

米，为重檐歇山式建筑。因千佛阁的飞檐皆四角翘伸，有凌空欲飞之动态美，故又称"千佛飞阁"。千佛阁"前后置门，南北设窗。阁内为十根朱漆木柱支架的方形殿堂。门外上额原挂有一块长方形横匾，黑底金字：'千佛阁'。楹联为：'即心即佛心即佛，如来如见见如来'。千佛阁内有1000多尊佛像，大者数丈，小者盈寸，中间最大的是如来佛，左边为弥勒，右边为达摩，两侧为两尊'护法师'韦驮。在如来佛后，还有一尊'南海大士'菩萨相背"。千佛阁台基高7米，南北长18米，东西宽13米，皆用条石垒筑。其台基南面砌有数十级台阶，拾阶而上可登阁凭栏远眺。

千佛阁曾是胶东半岛的名寺，每月初一和十五，前来拜佛祈福的善男信女络绎不绝，千佛阁的香火因此而盛。元宵节千佛阁灯火，由千家万户用豆面制成的小巧面灯为特色。每年正月十四送灯，到了正月十五傍晚，盏盏豆面灯从如来佛莲花座的每个莲花瓣点起，一直点到千佛阁门楣、楹柱上。

千佛阁是现存的极为珍贵的明清古建筑，有着重要的建筑美学和科研价值，它充分体现了我国古建筑所特有的大屋顶和曲线现象。自清代以来，千佛阁历经战事和人为破坏，墙垣千疮百孔，门窗破烂不堪。解放后，县政府曾对其进行过一次维修，并用作图书馆的阅览室对外开放，1985年博物馆建立，由博物馆统一管理，并于1989年公布为平度县级文物保护单位。1990年市政府对其进行了全面抢修保护，重塑了阁内的雕塑，绘制了壁画，对木构件全部进行了油漆，使之焕然一新，并接待观众。1999年，千佛阁经青岛市人民政府批准公布为青岛市级文物保护单位。2022年，平度市重启了对千佛阁的文物修缮工作。

第七章　爱国爱乡的华侨情怀

我国是一个华侨众多的国家，海外华侨华人约 6000 多万，归侨及其眷属有 3000 多万，这是我国的特殊国情，也是不可多得的宝贵财富。青岛自开埠以来，在不同时期、以不同方式形成了数量较多的华侨华人。长期以来，不管身份和处境如何变化，他们爱祖国、爱家乡的赤子之心不变，关心祖国、奉献乡土的感人情怀不变。

本章主要讲述了早期青岛籍华侨的发展历程、爱国义举，挖掘了华侨代表人物，记录了华侨中学和纪念馆的建立、变迁和其他华侨文化遗迹，全景式展现了早期青岛籍华侨爱国情怀、大义善举和赤子风采。

第一节　早期青岛籍华侨简述

青岛籍华侨的形成和生存状况，与祖国的命运和青岛的兴衰紧密相连。早年外出的乡民多是为生活所迫，他们远赴欧洲或者"下南洋""闯关东"，有的甚至被日本掠去做苦力。他们大都没有文化，只能从事繁重的体力劳动，在国外受尽屈辱，还时常受到居住国的奴役和排斥。经过多年的拼搏和努力，他们的经济状况有所改善，所从事的职业也开始多样化。特别是解放后，华侨的社会地位有所提高，实力不断增强。

一、早期青岛籍华侨的形成

据《青岛市志·侨务志》记载：早期青岛籍华侨形成主要集中在几个时期：

1. 德国占领到第一次世界大战期间

英、法、俄等列强，采用诱骗、拐骗等手段，招募所谓的"契约华工"，发往南太平洋、南非、海参崴等地。华工出国后，像包身工一样，无选择地点和职业的自由，只能在雇主的种植园或矿场等处按契约合同劳动。期限未满，雇主可随意差遣、转卖。第一次世界大战期间，法、英、俄等交战国从中国招募大批劳工到欧洲战场服劳役，北洋政府亦主张"以工代兵"，当时，仅从青岛就输出劳工 55761 名。

1917 年 4 月至 1918 年 3 月，英国政府委托和记洋行从胶济铁路沿线招募了 50315 人，在青岛德华缫丝厂（今青岛国棉八厂）集中，分乘 22 艘船只，取道美国运往欧洲。同年，法国政府委托当时国内的惠民公司从事招募活动，在天津、上海、香港、浦口、青岛等地设分公司从事招募活动，仅在青岛沧口就分三批招募了 4413 人。

2. 北洋政府和南京国民政府第一次统治期间

青岛人旅居国外，主流是"下南洋"，即旅居东南亚各国。青岛人下南洋以平度人居多。主要出洋经销丝绸，以及刺绣、草制品、发网等手工艺品，这些手工艺品在菲律宾、新加坡、印度尼西亚、印度等国很受欢迎。有的即在当地定居。1931 年，仅印度尼西亚首都雅加达就有平度籍华侨 60 余人。

3. 20 世纪 30 年代"闯关东"出国潮又起

到苏联海参崴，称为"闯崴子"，到朝鲜，称为"闯高丽"。1933—1934 年间，由青岛、威海、芝罘去朝鲜仁川谋生的穷苦农民、城市贫民，一个月即达 8000 人。这一时期闯关东和前往苏联、朝鲜的有 33 万人。其中，仅青岛就 9 万人。

4.日本第二次侵占青岛期间

第二次世界大战期间，日本国内劳动力奇缺，东条内阁即从中国大批掠运劳工赴日。劳工赴日成为当时青岛人出国的主流。1939年1—3月，日本掳掠劳工44319人，从青岛港运往日本。1941年，太平洋战争爆发，日本对劳工的需求更为迫切。1943年4月至1945年5月，被强掳到日本的中国人，计有38935人。这些劳工被运到日本后，被迫为之开矿山、下煤窑、装卸货物，受尽煎熬，大批病伤死亡。日本资料证实，掠运至日本的38935名劳工，至日本投降后遣送回中国时为止，死亡6830人，占劳工总数的13.5%。1944年9月，高密县农民刘连仁等被日军抓到青岛，后被武装押运到青岛港，关在装运矿石的轮船底舱，运抵日本为其开矿。刘连仁不堪忍受奴役，逃至深山，穴居13年才回国。

5.1948年以后

随着国民党政府的统治土崩瓦解，国民党青岛当局在美国的帮助下，开始劫运机器、战略物资及一些重要的科技人员。至1949年6月，国民党军政人员、家属和被挟持的百姓，共6万余人乘船或转道赴台湾。有一部分从60年代起陆续移居美国、日本、加拿大等国。当时，离开台湾侨居国外的人数约占青岛旅外华侨、华人总数的19.5%。

二、早期青岛籍华侨的生存状况

100多年来，青岛人不断旅居海外，青岛籍华侨、外籍华人分布在各大洲的56个国家和地区。

青岛籍海外华侨由于其形成时期和类型不同在地域分布上也有所不同。华侨的生存状况主要是受华侨自身的文化程度、谋生能力及住在国的情况影响。

早期旅居国外的青岛籍华侨，大多数是工人、农民、店员、小商小贩，其中华工居多，从事的行业十分繁杂。他们一无资金，二无文化，只能靠出卖劳动力和做小本生意为生。旅居海外初期，他们生活贫苦艰难，社会地位低下，备受歧视和凌辱。20 世纪 30 年代以后，青岛籍华侨的职业逐步发生了变化。许多人经过长期艰苦努力，勤俭持家，手中逐步有了一定积蓄，便自营或与别人合营开起杂货店、绸布店、百货店或经营餐馆、理发店、裁缝店等，经济上逐步富裕起来。有些人事业进一步发达，成为有一定经济实力的企业家。

当时旅外华侨在侨居地，时常受到奴役和迫害。一些当地政府对他们也采取排斥和限制的政策，使他们处于十分困难的境地。1931 年，日本帝国主义为侵略中国东北，煽动朝鲜掀起排华运动，使旅朝华侨遭受重大损失。新中国成立后，在一些国家与中国发生双边关系冲突时，也发生过迫害华侨事件。1962 年，中印边界发生冲突时期，印度政府反华排华，大批侨胞被关进集中营。如青岛籍侨胞、印度加尔各答山东同乡会会长、明远兴百货店经理赵含明被印度当局抓进集中营。1965 年，印度尼西亚"九三"事件后，大批华侨受到迫害。青岛籍华侨、雅加达山东公会主席宁祥雨，被诬蔑为中共少校特务，受到严刑拷打致死。

新中国成立后，随着国家的独立和强盛，海外华侨华人逐步受到国际社会的尊重。华侨华人社会地位的提高，对居住国的政治、经济、科技、文化产生了影响，作出了贡献。到 1987 年，青岛籍旅外华侨华人中从事政治、工商业、科技、教育、卫生等职业的共 2205 人，占青岛市旅外华侨、外籍华人总人数的 13.6%。其中，经济上有实力、科技上有专长、政治上有影响的重点人物有 409 人（工商界 146 人，科技界 73 人，文教卫生界 94 人，侨社团骨干 34 人，军政界 4 人，其他 58 人）。

第二节　早期青岛籍华侨爱国义举

从中国近代以来，海外华侨作为振兴中华的一股重要力量，为国家独立富强作出了重要贡献。旅外华侨华人和港澳同胞，虽然身在海外，但心向祖国、眷恋故土，无时不在关心祖国和家乡的命运。青岛华侨在侨居国勤奋工作、努力拼搏，同时积极支持和参加国内的辛亥革命、抗日救亡等活动。一些在海外创业成功的实业家回国投资、助学，或者开展旅游、经贸活动，积极支持家乡建设。其中，青岛华侨中学是华侨爱国爱乡的典范。

一、早期青岛籍华侨的活动及贡献

身在异国他乡的早期青岛籍华侨，一方面要在侨居国生存、发展，他们通过自己的智慧和劳动对侨居国作出了贡献；另一方面，他们始终与祖国同呼吸共命运，惦念家乡，情系故土，在国内不同的发展时期，为祖国和家乡作出了重要贡献。

1. 对侨居国的贡献

在海外，青岛籍华侨保持和发扬了中华民族的优良传统，同侨居国人民一起支持正义斗争，抗击外来侵略，发展社会经济，对侨居国作出了贡献。他们不仅在垦荒、采伐、开矿、修铁路、建港口、开运河等方面，以坚韧不拔的毅力辛勤劳动，促进了所在国的经济开发与发展；而且在异国传播了中国的养蚕、织绸、种植、酿造等先进技术。

另外，大批华侨经商，对沟通所在国的城乡有无，促进所在国的经济发展发挥了积极作用。如青岛旅印度尼西亚的华侨，大都在印度尼西亚经营"山东丝绸"，还经营手工绣织品和花边等工艺品，促进了当地丝绸、绣品业的发展。不少华侨因经营有方，事业有成，在国外的社会经济地位不断提高，成为有一定经济实力的实业家。还有许多人成为有一定专业特长的科学家，或有一定政治影响的知名人士。

青岛籍华侨在居住国热心传播中华文化，为促进中外文化交流发挥积极作用。如青岛旅美华侨、书画家刘法唐，在国外多次举办画展，传播中国国画艺术。自1982年以来，在美国纽约市先后举办过3届"刘法唐八十高龄书画展"，并将他参展作品义卖所得捐给纽约中华书法学会。菲律宾归侨郑守仪之弟、菲律宾籍华人郑绍隆，是菲律宾美术界有一定影响的业余画家。1979 年 10 月，郑绍隆等 8 名业余画家，在马尼拉展出当年 4 月访问中国时创作的 30 余幅油画、水彩画，引起菲律宾美术界的重视。中国驻菲律宾大使陈宗红、菲律宾政府新闻部国外新闻局局长洛化左、克鲁茨等人参加了画展开幕式，陈宗红大使为画展剪了彩。青岛籍旅美侨胞李静兰，身怀祖传医术，能治疗有些西医无能为力的疑难杂症。她医德高尚，为病人看病一不收费，二不收礼，甚至赠送药品给病人，深受侨胞及当地人的爱戴和尊敬，被誉为"活菩萨"。

2. 对祖国的贡献

支援革命，救亡图存。辛亥革命前夕，青岛是旅日山东同盟会的重要活动据点。1908 年初，留日学生、同盟会员陈干在日本与章太炎商定，回青岛创办"震旦公学"。在日本的著名革命党人丁惟汾派同盟会员栾星壑来青岛，以宗教活动为名，参与震旦公学的组织联络工作。丁惟汾则在华侨中为创办公学进行募捐。陈干在青岛发动盐民，武力夺取了沿海税局的公款，为建校筹集资金。陈干等人的活动惊动了德国殖民当局。当陈干申请办学立案时，他们蓄意刁难，拒绝办理。陈干等人据理力争，德国殖民当局只得批准立案。震旦公学是山东同盟会员所办学校中最大的一所，实际是山东同盟会的革命机关。

袁世凯篡权称帝期间，许多华侨回国参加讨袁。在广东有华侨决死队，在山东则有华侨义勇团。该团（共 93 人）为加拿大、美国、日本及南洋华侨组成，由夏重民领导。他们于 1916 年 5 月底离开侨居国，在青岛登陆，驻守在潍县，与居正领导的东北军并肩战斗，组成一支反袁武装力量。

1931 年"九一八"事变后，青岛籍侨胞不仅在海外奔走呼号、捐款捐物、支援抗战，而且有许多华侨青年毅然回国，投身抗战第一线。旅朝华侨柴世荣（胶州人）就是其中突出的代表。柴世荣 5 岁随父母到关东，1924 年到朝鲜当修铁路的劳工。1931 年，他发动了起义，拉起抗日队伍。这支队伍几个月就发展到 3000 余人。不久，队伍改编为"抗日救国军"，柴世荣任第四旅旅长，后升任第四路军司令。东北抗日联军第五军成立后，柴世荣曾任副军长、军长。他的战斗足迹遍及黑龙江、吉林两省，1943 年英勇牺牲。

投资办实业，开展经贸合作。青岛解放前，海外侨胞为振兴中华，实业救国，回国内投资办实业者不乏其人。如旅日华侨丛良弼，回国后在济南、青岛等地建振业火柴厂，改变了中国人一直用洋火的状况，振奋了民族精神，成为实业救国的典范（见工商业部分）。新中国成立初期，也有一些归侨努力兴办实业，支援新中国的建设。如李有箴，1930 年去澳大利亚夫兰克斯公司任副经理，1948 年由澳大利亚归国，定居青岛。1949 年，在青岛开设丰年针织厂，并从香港调回资金发展生产。抗美援朝期间，1952 年，他动员广大归侨积极出资捐献飞机大炮，主动承担志愿军的卫生裤、雨衣等军需品生产。1952 年 5 月，该厂实行公私合营，成为青岛最早的公私合营厂家之一。他任该厂副厂长以后，主动为兴建青岛新华中学（现青岛六中）捐款，还动员其在港澳的亲属为青岛市的公益事业捐款捐物。李有箴曾任全国、山东省、青岛市政协委员，青岛市归国华侨联合会副主席等职。

改革开放以后，华侨华人、港澳台同胞回国投资、经商的进一步增多，

李作基捐赠购置的"栈桥"号游船

作出了重要贡献。港胞李作基（1896—1990 年），曾任香港利源长有限公司董事长兼总经理，香港冀鲁旅港同乡会永远会长，第七届全国政协委员。1928 年到香港利源长有限公司当学徒，后升任记账员、经理，1956 年起任总经理。该公司有 80 余年历史，主要经营人参、鹿茸、药酒等，是中国 7 个口岸药酒的总代理。至 80 年代末，资金达 1 亿港元以上。1959 年，在青岛亲属的协助下，李作基到广州参加中国出口商品交易会，洽谈成交了一批生意，为扩大国货出口作出成绩。1958—1980 年，他曾多次向青岛市捐款捐物，支援青岛的经济、文化建设。在团结发动旅港冀鲁亲友支援祖国社会主义建设、繁荣家乡经济、文化等方面，一直不懈努力。1962 年李作基受邀北京参加国庆观礼。1969 年、1971 年，他曾两次来青探亲，受到省、市领导的热情接待。

1981 年，青岛市开始发展由归侨、侨眷集资兴办的侨属企业。到 1990 年，全市已建立 27 个侨属企业。1984—1990 年，经青岛市人民政府批准的华侨、华人、港胞和青岛合资、合作的企业达 126 家，总投资额在 100 万美元以上的有 57 家。

到 80 年代，特别是 1984 年青岛进一步开放后，来青岛探亲、旅游、洽谈经贸合作、投资办实体以及进行经济、文化学术交流的华侨华人人数较前有很大增长。

捐款捐物，造福桑梓。青岛的华侨华人、港澳台同胞为造福桑梓，为支援国家建设，慷慨解囊，捐款捐物，为发展青岛的文教卫生和社会福利事业作出了贡献。

1961 年，由于山东发生严重自然灾害，香港同胞李作基、张勤生、徐培楠、赵贡琳等人提出，愿与山东侨委联运面粉、化肥，帮助亲属及家乡人民度荒。具体办法是，华侨、港澳同胞每运进面粉一包（22.7 公斤）付港币 57 元。除成本 13.5 元、运费 1.5 元，手续费 2 元外，余下的 40 元交香港中国银行，统一给山东进口化肥。面粉交其亲属自用，化肥售给生产队，收费上交财政。1961 年，从青岛港转运面粉共 20459 袋，分配至山东各地及京、津、沪等市。

1966年7月，李作基、杨赞周携所营香港利源长有限公司捐款12万元港币、2万元人民币给青岛市教育局，在沧口区河清路40号建一座中学。该校占地面积1万平方米，有3层教学楼及附属设施。楼内有教室18间，办公室5间。1967年落成后，青岛志坚中学迁址于此。1977年8月，该校更名为"山东省青岛第五十五中学"。1978年，李作基又捐款100万元港币，用于发展青岛旅游事业。

1978—1990年间，青岛市共接受海外华侨华人、港胞捐赠：美元16700元，港币220.6万元，日元11万元，人民币38.73万元；各种汽车38辆，电视机45台，电冰箱34台，空调机32台，另有摩托车、收录机、录像机、打字机、电子计算器、生产用的机器、零件等，折合人民币总计近621万元。

进入新世纪，青岛籍海外华侨华人、归侨侨眷等不断为家乡捐款捐物、救困助学，涌现出了许多感人的事迹。如：香港"水饺皇后"臧建和女士关心家乡建设，一次向市慈善总会捐款人民币100万元，并在浮山后社区兴建了颐康老年公寓；侨眷马思懿热心公益事业，牵线搭桥促成香港万家麟向市儿童医院捐献价值达80万元的医疗器械；香江集团捐款600余万元在胶州建设希望小学、支持新农村建设以及宗教活动场所的修缮工作；嘉里集团出资200万元设立济困奖学金，专项资助贫困的初高中农村学生；万邦集团主席曹文锦先生向青岛市捐款150万元，设立"港口物流发展研究基金"。

二、山东省华侨中学与华侨纪念馆

山东省华侨中学是青岛籍华侨爱国奉献、造福家乡的最好见证和典型代表。60年前，旅居东南亚的青岛籍华侨身在海外，心系家乡，决心兴学桑梓，造福子孙后代。几百名华侨以自己的辛勤所得无偿捐献给家乡，兴建学校，培养人才，为家乡的教育和经济社会发展打下了良好的基础。他们的义举功在当代，利在千秋。

1. 山东省华侨中学的建立

山东省华侨中学创建于 1956 年。旅居东南亚的爱国华侨，主要以"山东公会"的名义在侨胞中积极募捐，在宁祥雨、孙凤梧等侨领的组织和带领下，由旅居印度尼西亚、印度、新加坡、中国香港等地的 519 名海外侨胞捐资兴建（当时捐款人民币 30.28 万元）。在国内，归侨王捷臣、韩其宽等人一面与海外董事会联系，一面协助政府筹建学校。经过 600 多个昼夜的奋战，到 1956 年 9 月，江北地区第一所华侨中学正式诞生，获得了"江北一枝花"的美誉。周恩来总理曾称赞"这是侨胞爱国的表现，是办学的一种好形式"。该校经 1959 年和 1986 年两次扩建，规模逐步扩大。山东省委原书记、当代书法界泰斗舒同同志亲笔为侨中题写了"山东省华侨中学"的校牌。山东省原副省长余修同志为建校纪念碑题写了"热爱祖国"的碑文，纪念碑的其他三面镌刻着捐资建校爱国侨胞的姓名。

自 20 世纪 80 年代至今，学校举行过三次校庆活动，均取得圆满成功，极大地促进了学校的发展，扩大了国际影响。

1986 年经山东省人民政府批准，学校举行建校 30 周年纪念活动，各级政府给予极大的帮助和支持。山东省人民政府、青岛市教委、平度县教育局都拨专款，用于学校校舍改造、扩建操场。国务院侨办发来贺电，并派员参加校庆活动。原国家侨联主席张国基以及省市主要领导都出席 30 年校庆并题词祝贺。56 名侨胞回国参加校庆活动，面对家乡人民的盛情欢迎，侨胞们慷慨解囊，又捐赠港币 87 万余元，建造兴建了高 4 层，总面积 1800 平方米的图书楼。图书馆楼落成后，又有 18 名侨胞来学校参加图书馆落成典礼，并再次捐赠学校港币 7.9 万元，用以添置图书资料及设施，表达了侨胞们爱国爱乡的情谊。

截至 1987 年，学校占地面积由原来的 36 亩扩大至 108 亩；教职员工由 15 人增至 120 人，学生由初中两个班发展为初、高中 18 个班，900 多人；建筑面积由 1240 平方米扩建为 7800 平方米；有教学楼、实验楼、图书楼各

1956年，山东省委第一书记舒同为学校题写校牌。

1958年，山东省副省长余修为纪念碑题写"热爱祖国"碑文。

建校纪念碑

一座，另有平房 183 间。

1991 年，由学校董事会提议，经上级批准，学校又举行了 35 年校庆活动。有 49 位侨胞组团回国参加校庆活动。其中有些是首次回国的中青年一代。他们亲眼目睹了祖国、家乡的繁荣景象，心情十分激动，又一次慷慨解囊，捐赠学校 15 万元港币，作为学校奖励基金。其他捐款用于购买车辆，分别赠与省、青岛、潍坊、昌邑、平度、栖霞侨办和华侨中学。

1996 年，学校举行了四十年校庆，共有 80 余位侨胞回国参加校庆活动，其中既有首批捐赠建校的老一代侨胞，也有大量的中青年侨胞，有的侨胞是坐轮椅回国的，其爱国爱乡的热忱感人至深。侨胞们共捐赠钱物折合港币 80 余万元。党和国家领导及各级政府对学校的校庆活动高度重视。宋平、李铁映、宋任穷、吴学谦、刘振华等领导及山东省主要领导都对学校题词勉励。全国人大华侨委员会刘振华副主任委员亲临学校参加校庆活动。

通过三次校庆活动，密切了与海外侨胞的联系，加深了感情。学校的面貌发生了根本性的变化，教学质量和办学效益均有了很大提高，学校的声誉远播海内外。各类媒体纷纷报道学校的情况，香港《世界日报》曾撰文称赞学校是"杏坛一枝花"。

2011 年 9 月，按照平度市委市政府规划，山东省华侨中学整体搬迁至城区新校，学校翻开了发展史上新的一页！学校现占地 164736 平方米，建筑面积 44000 多平方米。山东省华侨中学是山东省规范化学校，荣获"山东省侨务工作先进集体""山东省文明单位""山东省教育系统行风建设先进单位"等称号。人民日报、中央电视台等曾对侨中进行过专题报道。

2. 山东省华侨中学纪念馆

山东省华侨中学原纪念馆于 1996 年为迎接四十周年校庆在原新河校址建成，由青岛市和平度市两级政府拨款建设。

1996 年建的华侨中学纪念馆

2011 年 9 月，根据平度市总体规划，山东省华侨中学自新河镇搬迁至平度市区的同和街道办事处。为迎接 2016 年 9 月山东省华侨中学建校 60 周年，山东省侨办将组织"2016 山东旅印（尼）侨胞恳亲大会"，共邀请约 60 名印尼华侨到山东省华侨中学同和新校考察，来访人员主要为山东省华侨中学董事会成员。鉴于同和新校并无纪念馆，为满足广大海内外华侨和侨眷的迫切愿望，山东省华侨中学于 7 月份正式开工建设校史展室，新建校史展室总建筑面积 409 平方米，共一层。

3. 知名华侨与山东省华侨中学

印尼归侨王捷臣。王捷臣（1898—1983 年），1898 年出生于山东省平度县一户贫穷佃农家庭。1935 年，38 岁的王捷臣为生活所迫，背井离乡、漂洋过海，随邻村人前往印度尼西亚雅加达谋求生计。

在日本帝国主义侵略中国期间，他舍生忘死，组建并领导了南洋爱国华侨同乡会，于 1936 年组建成立了"长（江）黄（河）公会"，又于 1938 年组建成立了"山东公会"，积极支持并援助中国人民的抗日救国斗争。他协助陈嘉庚等爱国侨领，在东南亚各侨居国联合发起组织了"华侨救国救乡"活动，团结联络各界人士，发动带领广大华侨踊跃为中国捐钱捐物、献医献药，并同时团结当地人民开展了抵制日货运动，发动组织广大侨胞向国内捐献巨额抗日救国款物。他还发动组织了不少热血青年回国投身抗战救国斗争。

抗美援朝期间，他又积极发动华侨社团及广大侨胞踊跃支援祖国人民的抗美援朝斗争，受到中央人民政府的嘉奖，1951 年被邀参加国庆观礼。

1953 年 8—9 月，王捷臣思乡心切，毅然放弃国外的优裕生活，历尽艰辛，携全家人从印尼返回中国，投身社会主义建设事业。次年，他即联络发动迁居印尼的山东同乡会及山东籍（特别是平度、昌邑等侨乡）侨胞，向家乡捐资兴办教育事业，并亲邀旧部孙凤梧专程回国面商在家乡平度筹建山东省华侨中学。捐资建校计划，当即得到了国家、省里的高度重视与支持，特别是受到了周恩来总理的赞许。他积极协调筹措，使捐赠得以迅速到位；同

王捷臣与夫人

时动员全家人倾捐了多年的全部积蓄及所有的金银首饰等，在家乡亲自带领、运筹、兴建了"山东省华侨中学"。这所新中国成立后国内江北第一所华侨中学的建立，凝聚了王捷臣600多个日日夜夜的全部心血。

王捷臣曾先后当选山东省第一、二、三、五、六届人民代表大会代表，山东省第一、二、三届人民委员会委员，政协第一、二、四届山东省委员会常委，第三届全国人民代表大会代表，第五届全国政协委员，全国侨联委员。历任山东省侨委副主任，山东省侨联主席，山东省第五届、第六届人民代表大会常务委员会副主任等职。1983年12月26日逝世。去世后，根据他生前夙愿，经中共山东省委研究，报请中央同意，追认他为中共正式党员。

印尼归侨韩其宽。韩其宽（1919—1952 年），原籍昌邑县卜庄乡韩家店，生于 1904 年，1920 年去苏联经商，后去印尼雅加达经商，1945 年加入雅加达爱国侨团"山东工会"。1953 年回国，1956 年参与了山东省华侨中学的建校筹建工作。1957 年，昌邑县侨联筹建，韩其宽被推举为主任委员，此后一直从事党的侨务工作，历任全国侨联一届、二届委员会委员，山东省侨联一届、二届委员会副主任，三届、四届委员会顾问，潍坊市侨联三届委员

韩其宽

会名誉主席，昌邑县政协一届委员会常务委员，二、三、四、五届委员会副主任，昌邑县侨联一、二届委员会主席，三、四届委员会名誉主席。1987 年 12 月 3 日，昌邑县委按照他的意愿，吸收他为共产党员。1990 年 7 月 24 日，因病医治无效逝世，享年 86 岁。

1963 年 9 月 30 日，韩其宽应国务院邀请出席了国庆招待会，参加了新中国成立 14 周年国庆典礼，在观礼台上，见到了毛泽东、刘少奇、周恩来、朱德、宋庆龄等党和国家领导人。

华侨领袖宁祥雨。宁祥雨（1909—1967 年），字瑞霖，著名爱国华侨领袖，平度宁家村人。1940 年只身闯"南洋"。此后便在印度尼西亚的雅加达侨居，逐渐成为当地华侨中的知名人士。

1956 年，以他为首的山东籍华侨，集资在平度新河镇创建了"山东省华侨中学"。1958 年印尼当局开始反华排华后，他千方百计帮助难侨回归祖

1962年宁祥雨先生（前左一）与部分侨属学生合影

国；组织接待中国体育代表团；陪同文艺代表团访问印尼等，作出重大贡献。1967年4月被印尼当局逮捕，因受刑伤重，在狱中去世。4月27日，50万华侨到雅加达为其送葬。28日，中华人民共和国政府向印尼当局提出强烈抗议。29日，山东省人民政府和归国华侨联谊会在济南为他举行了隆重的追悼大会。

爱国侨领孙凤梧。孙凤梧，祖籍平度县官庄乡宝落村，印尼著名的爱国侨领。1954年10月，代表"山东公会"回国与政府商谈捐资办学事宜；1956年，在印尼积极参入发动当地爱国侨胞捐建山东省华侨中学；1973年，捐资兴建平度张舍医院。是山东省华侨中学第一届董事会董事，第二、三届董事会董事长。多年来，他和家人一直关心、支持家乡的建设和发展，先后多次回国参与山东省华侨中学的选址、兴建，为青岛的教育等社会公益事业捐资捐物。2001年6月13日，学校赠送孙凤梧先生"兴学元勋"牌匾。2004年10月28日，孙凤梧老先生逝世。遵照其遗愿，12月27日，86岁的王瑞梅

孙凤梧夫人按其遗愿捐赠

女士（孙凤梧老先生的夫人）偕子女专程从印尼回青岛，向山东省华侨中学捐赠善款 3.8 万元。

第三节　早期青岛籍华侨代表人物

在早期青岛籍众多的华侨中，有一大批爱国进步、成就突出的代表人物。其中有早年的革命家，还有一批学成归来的知识分子，他们心向祖国、情系家乡，在不同时期、不同领域为祖国为家乡作出了巨大贡献。

一、华侨革命家杨明斋

杨明斋（1882—1938 年），青岛平度市明村镇马戈庄村人，旅俄华侨，是中国共产党创立时期著名的革命活动家，是参与推动创建中国共产党的关键人物，是中共最早的 58 名党员之一，对党的早期事业作出过重大贡献。

杨明斋

李大钊曾评价杨明斋"万里拓荒，一身是胆"。周恩来总理赞誉他为我党历史上受人尊敬的"忠厚长者"。

杨明斋 1901 年辗转到海参崴，像当时大批为生活所迫的中国人一样，在异国他乡做工谋生。1908 年以后在西伯利亚地区边做工边读书，与在那里从事开矿、修路等繁重劳动的华工联系密切，积极参加了布尔什维克党领导的工人运动，并被推选为华工代表。1917 年加入列宁领导的布尔什维克党，组织华侨工会，动员华工参军参战，参加十月革命，反对沙皇反动统治。

1920 年被派回海参崴，以华侨负责人的公开身份从事党的秘密工作。1920 年 3 月，作为共产国际工作组成员与维金斯基等来中国活动，担任翻译和协调工作。他们先后多次与李大钊、陈独秀会晤，筹建中国共产党、社会主义青年团。

1920 年 5 月，杨明斋参与建立上海马克思主义研究会，担任负责人。1920 年 8 月中旬，杨明斋和陈独秀等正式成立了中国的第一个共产党组织，取名为"中国共产党"，陈独秀为书记，杨明斋遂由俄共党员转为中共党员。1920 年至 1921 年，他具体安排刘少奇、任弼时、萧劲光等 20 余人赴苏俄学习。他还指导建立了中共领导的工会——上海机器工会。

1920 年秋天，杨明斋回山东，在济南与王尽美、邓恩铭等会见，回平度向乡亲宣传俄国革命，积极参与共产国际活动。1921 年中共一大以后，杨明斋从事党的理论教育和新闻宣传工作。1922 年 7 月，他出席了中共二大，积极参与制定党的反帝反封建纲领。他以马克思主义理论研究中国思想文化，成为建党时期党内屈指可数的几个马克思主义理论家之一。

第一次国共合作期间，1925 年夏，杨明斋在广州任苏联顾问团翻译，做促进国共合作的工作。10 月，为中国革命和国共两党培养干部，他受党的委托在上海接收和选送学员，率领包括张闻天、王稼祥、乌兰夫、伍修权等第二批学员百余人赴苏联莫斯科中山大学学习。

1930 年 1 月，杨明斋秘密越境赴苏联治病，被当作叛逃者流放到托姆斯克当勤杂工。后到莫斯科，进入苏联外国工人出版社工作，先后任投递员和校对员。1938 年 2 月，以被捏造的罪名遭逮捕，并于同年 5 月牺牲。著有《评中西文化观》《中国社会改造原理》等。1989 年 1 月，苏共中央通过决定，杨明斋被彻底平反，恢复名誉。1989 年 8 月，杨明斋由国家民政部门公布为革命烈士。

杨明斋故居是坐落于平度市马戈庄村的 3 间平房，至今经历 500 余

杨明斋故居

年，繁衍 20 余代人。1920 年，其家人将房屋进行了翻新，现为革命传统教育和爱国主义教育基地。2012 年，在杨明斋同志诞辰 130 周年之际，青岛市委组织部拨付专款 40 余万元重修杨明斋故居，将其打造成青岛市党员干部党性教育基地，青少年学生革命传统教育基地和红色旅游景点。

2021 年，杨明斋事迹陈列馆正式启动。陈列馆占地近 3000 平方米，建筑面积约 1000 平方米。陈列馆以"命运多舛闯俄谋生""加入俄共投身革命""受命回国推动建党""转入中共献身伟业""长者风范精神永存"5 个主题，按照时间顺轴线，通过声光电等多种形式，展示了杨明斋矢志革命、波澜壮阔的一生。陈列馆已被中国侨联确认为第九批中国华侨国际文化交流基地，也是青岛市首家中国华侨国际文化交流基地。

"中国华侨国际文化交流基地"是中国侨联组织对承载中华文化、富有特色、广大侨胞向往、社会广泛好评，旨在弘扬中华优秀文化、促进中华文化交流的各类文化场所等予以确认的展示窗口，是侨联组织整合社会资源、推进优势互补、合力开展海内外文化交流活动的重要平台。

二、"海带之父"曾呈奎

曾呈奎（1909—2005 年），福建厦门人，中共党员，民盟盟员，著名海洋生物学家，我国海藻学、海藻化学工业的奠基人和开拓者。1948 年获美国密执安大学理学博士学位。时任中国科学院院士（1980 年），第三世界科学院院士（1985 年），世界水产养殖学会终身荣誉会员（1991 年），国际藻类学会终身荣誉会员（1999 年）。曾任山东大学海洋系系主任、海洋研究所副所长、所长等职。第三届至第九届全国人大代表。山东省人大常委会副主任、全国侨联顾问、省科协主席、省侨联主席。民盟中央第四至六届委员，民盟山东省委副主委，民盟青岛市委主委、名誉主委等职。

曾呈奎出生在福建省厦门市的一个华侨世家。少年时期，看到国家贫穷，农民辛勤劳作却吃不饱穿不暖，他便立志研习农业科学，以科技改变落后局面，并给自己取号"泽农"，以明心智，矢志不渝。

1927 年，曾呈奎进入厦门大学学习植物学，师从钟心煊教授，开始海藻的收集和研究。彼时，国内的海藻研究还是一片荒漠。在收集海藻时，他看到人们采集海藻为食，便萌生了"海洋农业"的想法。从此他与大海结缘，开始了"沧海桑田"的一生远征。

1946 年，37 岁的曾呈奎已是美国斯克里普斯海洋研究所副研究员，拥有优厚的生活待遇和良好的科研条件，美国密歇根大学、华盛顿大学等单位也都希望他去工作。但报效祖国、实现

曾呈奎塑像

"泽农"志愿，一直是他难以割舍的情结，他说："我的事业在中国，正因为她落后才更需要我们去建设。"

抗日战争胜利后，国立山东大学于 1946 年在青岛复校，时任生物系主任的童第周受校长赵太侔之托，聘曾呈奎为该校教授。当时的国内无论是生活条件还是研究条件都很差，但曾呈奎于 1946 年 12 月毅然回国。他一面教书育人，一面从事海洋科学研究。

1958 年山东大学由青岛迁到济南时，曾呈奎留在青岛海洋研究所，后任该所所长。

青岛解放前夕，曾呈奎是国民党要争取到台湾去的科学家之一。当时，他远在厦门的夫人和子女已去了台湾，日夜盼望他也能到台湾全家团圆。他却态度坚决："我相信共产党，我决不跟国民党到台湾去！"从此他与家人天

各一方。直到 1975 年，曾呈奎作为新中国第一个科学家代表团副团长访问美国时，才得以与分别数十载的家人相见。1995 年，其次子、美国国家海洋与大气局研究员曾云骥来中国科学院海洋研究所进行学术交流时，父子二人在祖国大陆第一次握手。

新中国成立后，党和政府对科学教育事业大力支持，使曾呈奎深受鼓舞。1956 年，曾呈奎第一次郑重地向党组织递交了入党申请书。1980 年 1 月 8 日，曾呈奎终于在古稀之年光荣加入了中国共产党。

曾呈奎被誉为"中国海带之父"和"中国海藻大王"，为我国海带养殖、紫菜种植、褐藻胶生产等方面做了大量开拓性的工作。

同时，曾呈奎还积极参与国家有关海洋方面的多项工作，多次参与相关计划、决策的制定，并积极建言献策，为海洋事业发展作出了重大贡献。

曾呈奎院士在 76 年的科研和教学生涯中，硕果累累，桃李满天下。作为归侨代表，他于 1989 年被评为首届新时期全国侨界十大新闻人物。2009 年，当选为新中国成立 60 周年"十大海洋人物"，还有多项其他殊荣。

三、海藻研究开拓者方宗熙

方宗熙（1912—1985 年），又名方少青，福建省云霄县人，民盟盟员。我国著名的海洋生物学家和遗传学家，著名的科普作家，我国海藻遗传育种工作的创始人之一，并以单倍体遗传育种而享誉海内外。一生呕心沥血，勤奋艰辛，笔耕不辍，为后人留下几十册专著、几百篇文章和上百万字的科普作品。曾任全国第三、五、六届全国人大代表，第四、五届山东省政协副主席、民盟中央委员、民盟山东省委常委、全国侨联委员、山东省侨联副主席、青岛市侨联主席等职。

方宗熙 1936 年毕业于厦门大学，1938 年初，赴印度尼西亚苏门答腊巨港中学任生物学教师兼教务主任，1946 年初赴新加坡华侨中学任生物学教师兼图书馆主任。1947 年赴英国留学，在伦敦大学研究人类遗传学，1949

年获遗传学博士学位。1950 年 6 月转赴加拿大多伦多做研究工作，年底回国。1953 年应童第周邀请到山东大学任教。历任山东大学教授、山东海洋学院教授、遗传教研室主任、生物系主任，山东海洋学院副院长等职。

方宗熙为我国海洋科学事业奉献了一生，他在细胞遗传学和遗传育种学方面的一系列重要的发现，为我国海洋生物遗传学的建立和发展作出了卓越的贡献，在海洋生物学领域享有很高的国际声誉。

中国海洋大学校园内方宗熙塑像

四、为医学捐躯的沈福彭

沈福彭（1908—1982 年），浙江湖州人，民盟盟员，著名医学教育家，人体解剖学家，山东大学医学院创始人之一，我国捐献遗体以骨架制成标本的第一人。曾任青岛市人大代表，山东省政协委员，民盟山东省委常委，民盟青岛市委副主委，青岛市解剖学会理事长等。编著有《格氏解剖学》《骨关节解剖学》《心血管解剖学》等。

1932 年，沈福彭毕业于燕京大学化学系，随后去比利时布鲁塞尔大学攻读医学。1939 年 7 月，获医学博士学位，并留校任教。当他从报纸上看到华北、上海等地相继沦陷的消息后，毅然归国效力。抗战胜利后，沈福彭接受了童第周的邀请，来到青岛山东大学医学院任教。

沈福彭 1957 年被错划为"右派"，身处逆境达 20 余年。他从事高等医学教育 40 余年，心甘情愿当"垫脚石"，倾心培养中年、青年一代。他从

青岛大学内沈福彭石碑

不计较个人恩怨，虽体弱多病，但拼命工作，只争朝夕，直到生命的最后
一刻。

　　沈福彭生前的遗愿，是把遗体献给医学院的教育事业，把骨骼制成骨架
标本，死后也能在他所倾心的岗位上"继续站岗"。真正做到了"鞠躬尽瘁，
死而后已"。

　　如今，沈福彭教授的骨架仍伫立在学府殿堂的一隅，为莘莘学子探知人
体结构奥秘而继续服务。沈福彭教授"死而后已"的奉献精神在广大知识分
子和人民群众中树起了一座丰碑。

后　记

　　青岛是统战文化资源富矿，《青岛同心印迹》是我们挖掘青岛统战文化的第一部揭土之作。

　　本书历经较长时间的酝酿、编写，克服困难，现终于付梓。这既包含着编者孜孜以求的努力，也凝结了全体青岛统战人的心血与贡献，是各方通力协作的结果。

　　首先，得益于中共青岛市委统战部的大力支持。本书从2015年春季开始筹备，2017年着手编写。编写工作得到了统战部历任领导的重视，相关领导对本书编写的指导思想、框架结构、人物挖掘、观点提炼等提出了重要指导意见；统战部政策研究室相关同志在本书编写过程中做了大量具体的组织、协调和保障工作。

　　其次，得益于全市统一战线各单位的积极配合。统战文化资源牵涉范围广、基础资料信息量大。各区（市）、各高校统战部，各民主党派市委会、市工商联机关等统一战线各部门（单位）为本书编写提供了大量珍贵文史资料，并在初稿完成后征求意见阶段，给予了宝贵的修改意见。

　　再次，得益于社会各方的真诚协助。青岛市文物、档案、规划等部门、青岛大学统战理论研究基地和马克思主义学院等也对本书的编写给予了真诚协助。其中，马克思主义学院研究生盖美娜、夏卿、范林波、郑喜月、徐雪松、褚照楠等同志为本书的信息录入、数据及图片处理等做了大量具体工作。

此外，本书还参考使用了青岛市政协文化文史和学习委员会、青岛市档案馆、青岛市委党史研究院、青岛市文化和旅游局等单位出版或展示的相关资料，以及鲁海、宋连威、高明见道长等研究成果的部分内容和图片，在此一并表示感谢！

最后，作为本书编者，我们深感使命光荣、责任重大。在编写过程中，我们一再为青岛统战人走过的路、作出的贡献而感慨和敬佩！没想到在这块土地上发生过这么多有重要影响的统战事件尚不为公众所知；有这么多风云人物仍沉寂在历史的长河中；还有这么多刻满历史印记的场所亟待挖掘和保护！正是带着这种强烈的责任感和使命感，我们采取召开会议、走访座谈、查阅资料等形式进行资料的收集、整理和鉴别，进行了深入的挖掘，博采众家之长，力求在保持真实性的基础上，注重史料性和文学性，兼顾故事性和可读性。

由于本书涉及的时间跨度大、范围广，资料繁多，加上编者水平有限，因而在具体的编写过程中，难免有不妥和疏漏之处，企望广大读者批评指正。

编　者

2023 年 7 月

责任编辑：赵圣涛
封面设计：胡欣欣
版式设计：杜维伟

图书在版编目（CIP）数据

青岛同心印迹 / 林希玲，王娜娜 编著 . —北京：人民出版社，2023.7
ISBN 978 - 7 - 01 - 019545 - 2

I. ①青… 　II. ①林…②王… 　III. ①城市史 - 史料 - 青岛 　IV. ① K295.23

中国版本图书馆 CIP 数据核字（2018）第 158222 号

青岛同心印迹

QINGDAO TONGXIN YINJI

林希玲　王娜娜　编著

人民出版社 出版发行

（100706　北京市东城区隆福寺街 99 号）

中煤（北京）印务有限公司印刷　新华书店经销

2023 年 7 月第 1 版　2023 年 7 月北京第 1 次印刷
开本：710 毫米 ×1000 毫米 1/16　印张：17
字数：290 千字

ISBN 978 - 7 - 01 - 019545 - 2　定价：79.00 元

邮购地址 100706　北京市东城区隆福寺街 99 号
人民东方图书销售中心　电话（010）65250042　65289539